JIYU SUNENG DE WULIU
RENCAI PEIYANG MOSHI

邹绍辉　著

基于素能的物流管理
人才培养模式

知识产权出版社

全国百佳图书出版单位

图书在版编目（CIP）数据

基于素能的物流管理人才培养模式/邹绍辉著. —北京：知识产权出版社，2019.9
ISBN 978 - 7 - 5130 - 6469 - 9

Ⅰ. ①基… Ⅱ. ①邹… Ⅲ. ①高等学校—物流管理—
人才培养—培养模式—研究—中国 Ⅳ. ①F252

中国版本图书馆 CIP 数据核字（2019）第 206403 号

内容提要

本书主要采用规范分析和案例研究相结合的方法，对物流管理本科人才需求、物流行业发展趋势、人才培养导向、人才培养变革思路进行了分析，提出了基于素能的物流管理人才培养整体架构，从认知、意识、行为、思维角度构建了物流管理本科人才素能体系和标准，提出了物流管理类人才培养的特色方向——智慧物流和货运代理，并重新架构了相应的课程体系和知识点体系，构建了以"三环一链十步案例教学法"为主体的教学体系，重新整合形成了 OMO 融合式教学平台等。上述研究成果和实践经验必将对物流管理人才培养教学改革提供方法和经验上的支持，也将促进我国物流行业的高质量发展。

本书可供高等院校物流管理、物流工程、采购管理、供应链管理等专业师生参考，也可供物流行业从业人员参阅。

责任编辑：荆成恭　　　　　　　　　　责任校对：谷 洋
封面设计：刘 伟　　　　　　　　　　责任印制：孙婷婷

基于素能的物流管理人才培养模式

邹绍辉 著

出版发行：知识产权出版社 有限责任公司　　网 址：http://www.ipph.cn
社　　址：北京市海淀区气象路 50 号院　　邮 编：100081
责编电话：010 - 82000860 转 8341　　　　责编邮箱：jcggxj219@163.com
发行电话：010 - 82000860 转 8101/8102　　发行传真：010 - 82000893/82005070/82000270
印　　刷：北京虎彩文化传播有限公司　　经 销：各大网上书店、新华书店及相关专业书店
开　　本：720mm×1000mm　1/16　　　　印 张：15
版　　次：2019 年 9 月第 1 版　　　　　　印 次：2019 年 9 月第 1 次印刷
字　　数：228 千字　　　　　　　　　　定 价：79.00 元
ISBN 978 - 7 - 5130 - 6469 - 9

特别致谢

本研究是在惠朝阳老师的鼓励和指导下完成的。惠朝阳老师于 2015 年 6 月至 2018 年 6 月任西安科技大学党委委员、副校长，并"联系"物流管理系。在此期间，多次到物流管理系调研和指导工作。即使 2018 年 6 月任陕西工业职业技术学院党委书记后，仍牵挂西安科技大学物流管理专业的发展，并鼓励笔者坚守初心。在此，感激之情无以言表，唯更加努力方可报伯乐之恩！

特别感谢王贵荣老师，王贵荣老师现任西安科技大学副校长。王老师二十年来于笔者既是老师，更是长辈，不但关心笔者学业，还关心笔者的家庭和生活。西安科技大学物流管理专业的发展倾注了王老师的远见和智慧。在此，振作之态无以复加，唯百倍努力办好物流管理专业方可图教书育人之志。

前　言

教育部、国家发展改革委、财政部、人事部、科技部、国资委于2007年8月6日联合发布的《关于进一步加强国家重点领域紧缺人才培养工作的意见》（教高〔2007〕16号）将农业、林业、水利、气象、地质、矿业、石油和天然气、核工业、软件、微电子、动漫、现代服务业作为12类紧缺专业，其中物流行业是现代服务业的支柱产业。《国务院关于印发"十三五"国家战略性新兴产业发展规划的通知》（国发〔2016〕67号）明确将物流快递、智能物流、商贸物流分别作为信息技术产业、高端装备与新材料产业、新能源汽车、新能源和节能环保产业的支撑工程和应用示范工程。《国务院办公厅关于进一步推进物流降本增效促进实体经济发展的意见》（国办发〔2017〕73号）明确指出物流行业贯穿第一、第二、第三产业，衔接生产与消费，推动物流降本增效，对促进产业结构调整和区域协调发展、培育经济发展新动能、提升国民经济整体运行效率具有重要意义。上述文件凸显出了两个重要信息：一是物流业已经成为国民经济和社会发展的重要行业和瓶颈行业；二是物流业即将迎来巨大变革，传统物流行业已经不适应经济社会发展需要，大数据、物联网、区块链、人工智能等技术将彻底颠覆现有物流产业发展生态和运行模式以及人才培养体系。

2017年6月24日，陕西省人才交流服务中心公布了2016—2017年度陕西省重点行业领域急需紧缺人才的调查结果。结果表明：学习能力与丰富实践经验是求职者的核心竞争力。在调查的408家用人单位中，要求任职者有一定工作经验的占80.4%，其中要求有5年以上工作经验的占17.6%；要求任职者具备1～3项专业技能，并能够出具相应资质证书的占78.2%。

西安科技大学物流管理专业是在工商管理、会计学、电子商务、信息管理与信息系统等专业的基础上逐步发展起来的。早在 2003 年，西安科技大学就开始招收和培养物流管理高职专科学生，经过 10 多年的建设和发展，在师资培养、设施配置、教学研究、学科建设等方面积累了丰富的经验。在多年招收和培养物流管理高职专科学生的基础上，西安科技大学管理学院于 2014 年成立了物流管理系，并于当年开始招收物流管理本科专业学生，学制四年。本专业现有教师 12 名，其中副教授（硕导）4 人，讲师 8 人；博士（含在读）9 人，硕士 3 人；1 人获"陕西省科技新星"称号并享受"三秦人才"津贴；1 人获得"西部之光"访问学者称号；1 人为西安科技大学胡杨学者特聘教授。出版专著 6 部以上，发表高水平论文 42 篇以上。近五年来，本专业专任教师承担科研项目 32 项，其中国家自然科学基金项目 6 项，国家社会科学基金项目 1 项。

物流行业是一个正处于高速发展和深度变革的行业。可以明确判断的是：今后我国物流行业必将由劳动密集型和资本密集型转向技术密集型，基于人工智能、大数据、区块链、物联网的智慧物流和复杂的企业运营生态将彻底颠覆现有的物流管理人才培养理念和体系。这使我们不得不重新思考以下问题：

第一，西安科技大学物流管理专业毕业生的"竞争力"在哪里？过去我们常讲"胡杨精神"，说我们的学生能吃苦耐劳，并以此作为学生的竞争力。尽管物流行业确实需要吃苦精神，但是今后物流行业是拼智慧和技能的时代了！

第二，西安科技大学物流管理专业办学真正的危机在哪里？当下，由于物流行业的进入门槛低，凭借我们的教学优势和学生潜质，我们断言短期内西安科技大学物流管理专业毕业生的就业压力不大。但是，如果我们不变革，我们培养出的物流管理专业毕业生将滑入"低层次"劳动技能型人才队伍之中，这才是我们中长期面临的真正危机。

第三，西安科技大学物流管理专业教学矛盾的根本原因在哪里？不可否认，我们当前存在着"教与学""教与管""学与管"严重分割的问题。整体上，这些分割问题主要体现在以下四个方面：一是学生不知道学习的专业知识，到底有没有用，需要培养哪些专业技能；二是教师苦口婆心劝学生多学，但是学生主动性差；三是不同专业课之间缺乏有效衔接和内在一致性；四是学生、辅导员和教师三者之间缺乏有效沟通和协同机制。

从 2014 年开始，物流管理专业全体老师就准确把握物流行业发展趋势和物流管理专业学生的社会需求变化，大力开展了物流管理专业教学改革，主要进行了以下三个方面的教学改革。

①打造"双平台"——学校提供的学习平台和导师提供的科研平台，发布《西安科技大学物流管理专业本科生学术研究指导手册》。规定每位本科生从大一入学就开始选定学术指导教师，一年后可以根据学术导师的研究方向重新选定学术导师，每年开展为期一周的本科生学术论文报告活动，展示本科生的学术研究成果。这项改革已经在 2014 级学生中得到了较好实施，2015—2018 级学生已经完成了学术指导老师选定工作。通过实施本科生学术导师制度，学生已经基本掌握了学术论文写作范式，并初步具备了写作能力、逻辑思维能力、批判思维能力、创新思维能力等。

②实施"双进入"专业能力培养体系——学生进入企业和企业管理人员进课堂。学生进入企业就是利用第六学期第 9 周到第 24 周近三个半月的时间在企业进行专业技能实习。2014 级学生已经在陕西泰华物流产业有限公司、中世国际物流有限公司芜湖分公司、苏州万隆华宇物流有限公司完成了企业实习，取得了很好的效果，得到企业高度评价。企业管理人员进课堂就是每两个月请 1 名企业管理人员来临潼为物流管理专业学生做一次学术报告，每位老师一年至少为本科生做一次学术报告。上述活动实施四年以来，深受学生好评和喜欢，取得的效果比较突出。

③塑造"双证"学生——本科毕业证和技能证书。在 2013 版《西安科技大学物流管理专业人才培养方案》的基础上，对标长安大学、北京理工大学、清华大学、西安交通大学物流管理专业人才培养方案，大幅度地调整了原专业课设置体系，形成了涵盖现代物流学、仓储管理、运输管理、配送管理、物流系统规划与设计、供应链管理、国际货运代理、物流信息技术与应用、物流标准化、物流园区、物联网概论、大数据、人工智

能、智慧物流等 20 门专业课的 2016 版《西安科技大学物流管理专业人才培养方案》，做到了"高标准、前瞻性、系统性"，进而从培养方案上保证了学生培养质量。积极与中国物流与采购协会联系，拟引进物流专业技能认证体系，这项工作的前期准备已基本完成。

通过调研大量物流企业和访谈重点物流企业中高层管理者，发现企业真正需要的是具备较强素能的物流管理专业大学毕业生，要求其必须初步具备解决实际问题的能力，而我们现在的培养导向仍然强调和侧重"学知识"，是明显的知识本位主义，并且大学英语课程还占据了大部分时间，极大地压缩了用于专业素能教育和培养的时间。

西安科技大学物流管理专业"基于素能的物流管理专业建设体系"，首先抓住"高水平教师队伍建设"这个发动机。没有高水平教师哪来社会影响力？没有高水平教师哪来高水平教学质量？没有高水平教师哪来高水平学生？所以高水平师资队伍建设是所有工作的起点，主要包括以组建物流研究组的方式来激活教师队伍的研究潜能，形成"重学术、勤钻研、学先进"的学术氛围，用氛围来熏陶学生、用研究来推动学习、用成就来激励上进，通过"请进来"和"走出去"的方式提高教师水平。其次，全力打造和运用"素能—教案—教法"高度融合和一体化的高水平教学体系，化教师专业知识为"战斗力"，把素能体系完全嵌入到教学体系中，每部分教学充分运用以案例教学为主体的立体化教学方法，定期调整知识点体系、素能体系、工具方法体系，动态更新和共享教学资源库，积极引进最新教学方法。教是基础，学是关键。再次，用学生学术论文指导、学生企业实习、企业进课堂等 11 项具体措施最大化学生的学习兴趣，11 项具体措施齐头并进，通过"研究组—学术指导"做到"你中有我、我中有你"，即每一个教师和学生都要全面融入这 11 项具体措施之中。最后，构建起教师—学生—辅导员协同工作机制，确保各项工作的顺利开展。一切改革要用成果来激励和推动，基于素能的物流管理专业建设体系的直接成果就是培养出一批批具有高素能的应用型高级专门人才，间接成果就是高就业率，最终目标是造就一批批"格局远大、解放自我、报效祖国"的有用人才。整个教学体系实现了"高水平师资队伍—高水平教学体系—高水平素能锻炼平台—高水平管理体制—高水平人才—高就业率"的链式循环发展模式。

本书就是对"基于素能的物流管理专业建设"实践的系统研究、总结与创新。本书在写作过程中得到了西安科技大学教务处和管理学院领导以及物流管理专任教师的大力支持，也得到了西安科技大学管理科学与工程学科建设项目、西安科技大学"应用型转型试点专业"项目和西安科技大学"专业综合改革试点"项目的联合资助，笔者所指导的研究生马婷艳、张甜参与了本书的资料收集和书稿校对工作，在此一并表示感谢！

限于笔者的教学实践、知识范围和学术水平，书中难免存在不足之处，恳请读者批评指正！

笔 者

2019 年 6 月 30 日于西安

目　录

第1章 绪论

在新时代，现行大学工商管理人才培养模式存在的弊端日益凸显，"不知道学了有什么用""没有兴趣学""课堂教学脱离实际""教学科研严重脱节"等问题急需解决。物流管理专业作为工商管理一级学科下的一个本科专业，也同样面临着上述问题。本章首先对工商管理人才培养面临的形势进行分析，然后提出需要认真思考的几个"命题"，再回归到大学教育的本质，最后提出工商管理（物流管理）人才培养模式变革思路。

1.1 形势分析

1.1.1 传统教学弊端日益明显

目前，工商管理课程教学仍以教师讲授为主，从知识到知识。在实际教学过程中，"夹着包"去和"夹着包"回的教师不乏其人，真正做到了"see you next time"。单一、被动的教学方法导致学生缺少创新实践的机会和空间，无法形成解决实际问题的能力，学生培养质量自然得不到保障，用人单位逐渐形成了"现在的大学毕业生眼高手低、什么都不会干"的认识，这也对工商管理人才的本科招生和高层次人才（MBA、EMBA、学术型硕士、博士等）培养造成了严重影响。

2006年，在某大学校长论坛上，北京师范大学、厦门大学等大学的校长建议取消管理、法律等本科专业。"本科生年纪小、连自己都管不好"，他们认为，"本科层次培养的管理类专业毕业生，很难从事相应的工作，法学专业也不应该在本科阶段设置。"就在此前不久，旅美学者薛涌直言不讳地对法学和管理类专业也提出了类似看法："这些专业不但要求的分数高，而且教育内容近乎垃圾"。

毫无疑问，因"年纪小、连自己都管不好"就取消管理类专业，存在较大的逻辑问题。按此逻辑，会计专业也应该取消，小小年纪，连自家的小账都懒得去算，还怎么为企业去管大账？外语系也不能存在了，连汉语都没有学好，将来毕业了怎能去做翻译官？师范就更不能要了，刚出校门就当老师，那不是误人子弟吗？"管自己"和"管理企业"，虽然在"管"上有些联系，但毕竟是两回事，不能将它们往一起扯。其实，学了管理类专业，并不是毕业后立马就去管理企业，而是要从最基本的工作做起。有了管理类专业的基础知识，就等于为管理工作打下了基础，然后在长期实践中慢慢领会和消化大学里学到的基础知识，同时在实践中增长新的知识，进而逐步成为企业的中坚管理力量，并有可能成为独当一面的高级管理者。

那么，又是什么导致了人们对工商管理专业毕业生的误解呢？笔者对本科学生进行了长期跟踪调查，结果发现：导致人们认为"工商管理专业没有用"的最大原因在于所学"空洞""肤浅"和"不会用"，具体表现在以下五个方面。

第一，没有建立起"企业概念"。学了四年，不知道企业是什么，不知道一个企业是如何运作的。工商管理专业是一个实践性很强的学科，很多知识和技能必须在实践锻炼中才能被掌握和拥有，由于受客观条件的限制，许多学校的学生接受技能方面的训练较少。一方面，校内实践大多在实训教室里进行，基本是通过电脑软件来实现，如模拟教学软件，真正的动手模拟实训相对较少；另一方面，尽管很多学校和企业建立了固定的实训实践基地，但是由于学生数量多和实习时间较短，企业无法提供足够的实习岗位和指导人员，多限于让学生集体参观，学生只能充当旁观者角色，并不能真正参与企业的实际业务。

第二，照抄西方的管理理论和教育模式。认真学习西方先进的管理理论和经验本身是应该大力提倡的，尤其是在全球一体化发展日益深入的今天，更是要不断学习国外先进的管理理论和方法以适应国际化的挑战。但是，我们目前采用的工商管理教材有相当部分是舶来品，从理论观点到案例分析都与西方教科书如出一辙。西方的"经"取回来后，并没有进行中国"情境化"，自然也就无法解决中国众多企业的实际问题，难免"水土不服"和"消化不良"。

第三，课程设计方面忽视教育内容的实用性。课程设计与市场需求脱节，培养目标不明确，许多课程仿佛是专门为研究管理学的人士开设的，看上去高大上，却不知所云。学得越多反而越肤浅，学生无法融会贯通和灵活运用。面向中国市场、中国企业的案例少之又少，即使有一些面向国内企业的案例也都是大中型企业案例，中小企业案例凤毛麟角，学生普遍感觉这些案例缺乏新意和中看不中用，教师在案例教学过程中也就自然无法调动学生参与的热情，大大弱化了案例教学的作用。

第四，教学方式单一。教学活动基本上都是在教室里进行的，实践教学活动很少。这种教学方式就如同在教室里传授学生们游泳技巧一样，最后培养出来的只能是熟记技巧的理论家，而不是工商管理本科教育应该培养的、能够解决实际问题的高级复合型❶应用人才。

第五，教师缺乏企业管理的实践经验。管理既是一门科学，又是一门艺术，没有管理企业的实践经验，就不能感悟到管理学的精妙之处。因此，从事工商管理专业教育的教师必须具有一定的企业管理经验，并最好能同时在企业兼职。而我们相当多教师往往看不起具体的日常业务操作，从而成为"空中飞人"，相当一部分人毫无企业管理实际运作的经验，这种从未下过水的"游泳教练"，又怎么能教会别人游泳呢？

1.1.2　人才培养质量决胜未来

2016 年 3 月 21 日，中共中央印发了《关于深化人才发展体制机制改革的意见》（中发〔2016〕9 号），旨在着眼于破除束缚人才发展的思想观念和体制机制障碍，解放和增强人才活力，形成具有国际竞争力的人才制度优势，聚天下英才而用之。国家要求统筹产业发展和人才培养开发规划，加强产

---

❶ 复合型指知识复合、能力复合、思维复合等。

业人才需求预测，加快培育重点行业、重要领域、战略性新兴产业所需人才。

教育部、国家发展改革委、财政部、人事部、科技部、国资委于 2007 年 8 月 6 日联合发布的《关于进一步加强国家重点领域紧缺人才培养工作的意见》（教高〔2007〕16 号）将农业、林业、水利、气象、地质、矿业、石油和天然气、核工业、软件、微电子、动漫、现代服务业作为 12 类紧缺专业，其中物流业是现代服务业的支柱产业。2013 年 5 月 24 日，财政部、国家税务总局以财税〔2013〕37 号印发的《交通运输业和部分现代服务业营业税改征增值税试点实施办法》已经明确将物流业作为现代服务业。因此，物流人才已被列为国家 12 类紧缺人才之一，社会各个领域急需大量物流人才。

据统计，自 2012 年起，物流从业人员年均增长 6.2%，并且这种增长趋势还将保持较长时间。然而，随着人工智能、大数据、物联网、区块链等技术快速融入物流行业，大量的传统蓝领甚至白领岗位将面临失业，例如物流采购经理、仓储经理，等等。现代物流业的高速发展对物流人才的能力提出了新的要求，物流人才更加强调新技术、新工具的应用能力，更加重视信息技术的学习和应用能力，更加注重物流成本的管控能力，更加注重物流的创新意识、更加需要跨界融合的复合能力。只有具备这样素质和能力的人才才能受到企业的青睐。具体地讲，新时代下物流人才培养质量体现在是否具备以下"四商"和"四能"（如图 1 - 1 所示）。

图 1 - 1　新时代下物流专业人才培养质量

其中，"德商"❶ 就是要把"德"的要求融入人才培养全过程各环节，大力开展理想信念教育和价值教育，要做对国家和社会有用的人，杜绝"精致利己者"；快速学习有别于传统的系统化、全面化、时间充分的学习方式，它是一种为解决当前面临的问题，在较短时间内采用的带有选择性的高效学习方法。快速学习也是人们在工作当中经常采用的一种学习方法，由于在日常工作中会遇到各种各样的技术问题，没有时间也不允许再进行系统化的学习，只有采用快速学习法才能尽快解决问题。快速学习能力与文献检索能力、知识管理能力相辅相成，特别是在知识碎片化时代，大学生更应该具备这种快速学习能力。

1.1.3　物流战略地位作用突出

2009 年 3 月 31 日，国务院发布的《物流业调整和振兴规划》（国发〔2009〕8 号），明确提出物流业是融合运输业、仓储业、货代业和信息业等的复合型服务产业，是国民经济的重要组成部分，涉及领域广，吸纳就业人数多，促进生产、拉动消费作用大，在促进产业结构调整、转变经济发展方式和增强国民经济竞争力等方面将发挥重要作用。

2014 年 9 月 12 日，国务院发布的《物流业发展中长期规划（2014—2020 年）》（国发〔2014〕42 号），指出物流业一头连着生产、一头连着消费，明确提出物流业是支撑国民经济发展的基础性、战略性产业；加快

---

❶ 德商（Moral Intelligence Quotient，MQ）指一个人的道德人格品质。德商的内容包括体贴、尊重、容忍、宽容、诚实、负责、平和、忠心、礼貌、幽默等各种美德。"德商"的提出，实际上是源于莱尼克（Doug Lennick）在 20 世纪 90 年代帮助美国运通集团等大型企业经理人和员工开发情商的过程中的一些发现和思考：虽然情商可以使人具有高度的自制力和人际交往能力，但它在大多数情况下是价值中立的，不能帮助人区分"对"与"错"，让人避免做错事。安然公司及随后大量的财务丑闻更是充分说明，高情商并不能使企业避免安然、安达信那样的错误。而这样的错误一旦发生，就可能对企业产生致命性的打击。美国学者道格·莱尼克（Doug Lennick）和弗雷德·基尔（Fred Kiel）在他们 2005 年出版的《德商：提高业绩，加强领导》一书中正式提出"德商"。他们把"德商"定义为"一种精神、智力上的能力，它决定我们如何将人类普遍适用的一些原则（正直、责任感、同情心和宽恕）运用到我们个人的价值观、目标和行动中去"。

发展现代物流业，对于促进产业结构调整、转变发展方式、提高国民经济竞争力和建设生态文明具有重要意义。

2017年10月13日，国务院办公厅发布的《关于积极推进供应链创新与应用的指导意见》（国办发〔2017〕84号），进一步明确供应链创新与应用是引领全球化提升竞争力的重要载体。推进供应链全球布局，加强与伙伴国家或地区之间的合作共赢，有利于我国企业更深更广融入全球供给体系，推进"一带一路"建设落地，打造全球利益共同体和命运共同体；建立基于供应链的全球贸易新规则，有利于提高我国在全球经济治理中的话语权，保障我国资源与能源安全和产业安全。

从"国民经济的重要组成部分"到"支撑国民经济发展的基础性、战略性产业"，再到"引领全球化提升竞争力的重要载体"，这些都说明物流产业将越来越重要。概括起来，物流产业将起到以下五个方面的战略作用。

第一，直接驱动国民经济发展。经济史学家安格斯·麦迪逊（Angus Maddison）通过对过去1000年世界经济的分析指出：500年来全球经济的发展成果绝大部分是由通信和运输成本降低带来的。现代物流产业的发展能有效降低社会物流成本，提高国民经济运行效率和质量。国际上通常用物流成本占GDP比重来考察一个国家物流产业发展和经济运行的水平，物流产业越发展，物流成本所占比重就越低。根据中国物流与采购联合会的统计调查数据，2016年年末，我国物流从业人员数为5012万人，比2015年增长0.6%，成为人员增长最快的行业之一，已经占到全国就业人员的6.5%。根据国家发展改革委发布的《2018年全国物流运行情况通报》，2018年全国社会物流总额283.1万亿元，物流行业总收入10.1万亿元，社会物流总费用13.3万亿元，社会物流总费用与GDP的比率为14.8%。与发达国家物流总费用占GDP比重仅为8%～10%的数据相比，我国进一步降低物流成本、提升国民经济运行效率和质量的空间还非常广阔，潜力还十分巨大。为此，2017年8月17日，国务院下发了《国务院办公厅关于进一步推进物流降本增效、促进实体经济发展的意见》（国办发〔2017〕73号），部署推进物流行业降本增效有关工作，着力营造物流业发展良好环境，提升物流行业发展水平，促进实体经济发展。

第二，深度融合三次产业❶。作为供需对接的最后一棒，无论是供给侧还是需求侧都离不开物流。现代物流业几乎涵盖了全部社会生产与消费领域，涉及三大产业和社会再生产的全过程。现代物流业的生产性服务属性，决定了其在社会生产、生活产业链中，是通过对生产资料和产成品的运输、仓储、分拨、装卸、搬运、配送、信息的聚合等环节，把生产要素配置到企业生产现场和为消费者提供连接服务，通过完成生产要素和产成品的位移来实现自身价值。另外，智慧物流的发展将直接促进传统三次产业的转型。智慧物流主要通过互联网、物联网、物流网整合物流资源，充分发挥现有物流资源供应方的效率，从而带动供应链上所有关联企业在管理和技术上的转型升级。

第三，改善民生和精准扶贫。大到大型机械装备的运输、货物仓储甚至是信息产业的发展，小到百姓餐桌上的农副产品、民众的衣食住行以及社会生活的方方面面都离不开高效率的物流。降低整个物流市场的成本，能为企业和广大民众减负增效，能更好地造福民生。常言道，要想富先修路，可见物流发展对提高人民生活水平的重要性。2015 年 11 月，中共中央、国务院颁布了《关于打赢脱贫攻坚战的决定》把"发展特色产业脱贫"列为具体扶贫方略的第二条，"好东西一定要低成本地运出去"，因此特色产业发展的基础就是完善的物流体系。在"脱贫攻坚"的过程中，物流行业应该做到三个确保：一是确保"最后一公里"即村落交通末端的畅通，进而确保为物流行业的发展提供最充实的支撑；二是确保贫困地区交通网络和外界交通的无障碍对接；三是物流服务的末端覆盖，大力发展农村物流，特别是边远贫困地区的物流服务。

第四，确保国民经济社会安全。当前，世界商业和流通的组织形态正在发生革命性变化，不管是生产方式还是消费模式，都因互联网的兴起变得越来越个性化。过去我们说石油和粮食涉及国家战略，其实能否安全解

---

❶ 三次产业是一个西方经济理论，西方经济学家根据劳动对象进行加工的顺序将国民经济部门划分为三次产业，分别是农业、工业和除第一、第二产业以外的其他各业。

决运输物流问题也非常重要，站在这样的角度想问题，可见物流不仅是重要的基础设施，而且对国家有战略意义，事关国家经济安全。

第五，增强企业核心竞争力。在制造成本中的原材料、人工等成本降低空间不大的情况下，降低物流成本成为企业的"第三利润源"。

总之，物流业是国民经济发展的动脉，经济发展的"加速器"，提高制造业效率、提升核心竞争力以及企业降低物资消耗、提高劳动生产率的"第三利润源泉"。美国在发展物流的过程中，一直把物流业作为企业战略的核心组成部分予以高度重视，将企业物流放在举足轻重的地位加以发展。美国企业特别强调物流的服务保障职能，并通过物流的服务保障增强企业竞争力，增加企业利润。日本的物流发展过程中，物流系统作为经济社会的子系统，超越了企业的行为空间，成为国民经济的一个重要利润中心。与此同时，日本把发展物流业作为经济可持续发展的一个重要举措。

1.1.4 物流转型发展加速推进

党的十九大确立了我国经济转型发展的基本战略和方向：我国经济由高速增长转向高质量增长，转变发展方式、优化经济结构、转换增长动力成为重要任务。必须坚持质量第一、效益优先，以供给侧结构性改革为主线，推动经济发展质量变革、效率变革、动力变革，提高全要素生产率，着力加快建设实体经济、科技创新、现代金融、人力资源协同发展的产业体系，着力构建市场机制有效、微观主体有活力、宏观调控有度的经济体制，不断增强我国经济创新力和竞争力。

物流业的特点和地位，使得物流业在党的十九大后的相当长历史时期将扮演重要的产业创新发展发动者、产业转型引领者和产业融合发展推动者三大角色。在此背景下，十九大以后物流业的战略转型有三大任务。第一是物流业自身转型升级，可规模化、可网络化运营经营；第二是物流业基于供应链引领关联产业转型升级；第三是物流业和其他产业融合发展，形成诸如物流金融、物流地产等"物流+"业态。

按照这三大任务，物流业转型发展的基本路径就是：高端化、信息化、数字化、智能化、个性化、集群化、无人化、生态化和国际化。

　　高端物流是指物流过程中资源整合、优势互补、物流一体化、分工协作的产业链条，是一个以供应链为核心的物流集成系统。具体包括：物流策划与供应链的管理咨询服务，物流与供应链解决方案的设计，物流与供应链的实施与控制，物流与供应链的运作与管理，全球化的网络服务，物流信息化及信息网络服务，供应链上多个环节的资源整合服务，物流的特殊服务，等等。

　　现代物流业的发展，具有"高附加值、高效益、高时效、高科技含量、高人力资本、高开放度产业带动力、低资源消耗和低环境污染"等"六高两低"特征，它体现了物流系统的核心要求，使物流业在各方面实现质的飞跃。

　　高端物流以供应链一体化作为竞争手段，突出"高端品质"的服务流程，规模运营，技术性操作性强。在高端物流的系统运营和流程优化过程中，不断提高满足高端客户需求和高端物流运作的能力。信息系统是一个高端物流业务模式最集中的体现，先进的信息技术成为服务高端物流的重要支持手段。

　　高端物流应遵循九链环原则：一是需求链原则，二是资源链原则，三是资金链原则，四是人流链原则，五是商流链原则，六是信息链原则，七是经营链原则，八是持续链原则，九是价值链原则。高端物流实质就是实现上述原则链接，从而实现需求链与价值链的最完美结合。高端物流技术包括信息系统的设计、开发、集成与实施，供应链系统集成及IT培训。通过物流信息化系统可以使物流业务有效开展。信息化、集成化、规模化、技术化、实时化、网络化、数据化和智能化是高端物流信息系统的主要特点。

　　高端化体现在以下三个方面：一是由低端的运输配送转向创造消费需求，即服务产品高端化；二是由注重效率转向效率和服务并重，即服务质量高端化；三是由劳动密集型转向资本和技术密集型，即服务方式高端化。物流信息化是指物流企业运用现代信息技术对物流过程中产生的全部或部分信息进行采集、分类、传递、汇总、识别、跟踪、查询等一系列处理活动，以实现对货物流动过程的控制，从而降低成本、提高效益的管理活动。物流信息化是现代物流的灵魂，是现代物流发展的必然要求和基石。在技术层面，物流信息化表现为广泛采用无线互联网技术、卫星定位技术（GPS）、地理信息系统（GIS）和射频标识技术（RF）、条形码技术等。随着制造业越来越柔性化、自动化，物流服务也需要柔性化、自动化，因此制造业与物流业的融合越来越紧密。当前，物联网、云计算、大数据、智能物流装备、"互联网物流"等新一代物联网技术与智能物流装备技术的蓬勃发展，正推动着我国物流业的智能变革。

每条路径都在技术、人才、业态、模式四个维度上提出了新要求，见表1-1。

表1-1　我国物流业的转型发展

	技术	人才	业态	模式
高端化	最新技术和科技手段应用	复合型人才 整合型人才 创新型人才	供应链一体化	服务产品高端化 服务质量高端化 服务方式高端化
信息化	EDI、TMS、WMS等	懂信息管理	信息交换与共享	网络和流程信息化
数字化	大数据技术	懂数据管理	虚拟和现实深度融合	快捷性 融合性 自我增长性
智能化	大数据、云计算、"互联网＋物流"等	懂智能算法	供应链集成与智能化	智能仓储 智能调配 智能配送 ……
个性化	AI、GPS、信息技术等	懂服务管理	个性化物流体验	定制化物流
集群化	信息技术	懂产业经济、物流园区规划与设计	孵化物流企业	物流园区 物流经济带
无人化	信息技术、AR/VR技术、深度学习、人工智能、机器人自动化等	懂系统设计、自动化原理	仓储、运输、末端配送等无人化	无人机 无人车 无人仓 ……

	技术	人才	业态	模式
生态化	互联网技术、通信技术、大数据等	懂生态管理	连接用户和重构产业链，物流及相关产业看作一个生态圈	物流平台 云物流 SoLoMo ……
国际化	供应链管理技术、物流技术装备、标准化	精通相关外语，熟悉国际规则，了解各国政治、经济、法律和人文礼仪，具有国际视野，能对国际物流进行战略规划和系统设计，熟练进行国际物流业务运作和管理	实现具有全价值链的"全球运"物流格局	国际物流

实际上，物流高端化涵盖了信息化、数字化、智能化、个性化、集群化、无人化、生态化和国际化，即在高端化的总体要求下，物流业还体现在信息化、数字化、智能化、个性化、集群化、无人化、生态化和国际化等方面。

1.1.5 教育教学理念变革加剧

第一，以学生为中心，变课堂为"战场"。传统教学以教师为中心，教师的活动（主要是所说的话）都是从教师的主观出发（尽管也考虑学生，但仍然是以教师为主）进行预先设计，教师说什么内容、怎么说、说多长时间，都要提前在教案上写好。这样的课堂教学，教师就是"背台词"，学生是听众或配角。1952 年，哈佛大学教育学院举办了一次主题为"课堂教学如何影响人的行为"的学术研讨会，创建了人本主义心理治疗理论的美国心理学家卡尔·罗杰斯（Carl R. Rogers）在发言中首次提出"以学生为中心"的观点。他认为作为学习者的人天生就拥有学习潜力，如果学习内容与学习者个人需求相关，而且学习者又积极参与，这样的学习就有效。另外，学习者的自我意识非常重要，如果外界的批评保持在最低限度，学生的自主评价得以发挥，那么学习者的独立性和创造力将得以发展。

1998年10月5日至9日，联合国教科文组织在巴黎召开"世界高等教育大会"，大会主题为"21世纪的高等教育：展望与行动"。世界高等教育大会通过了以下文件：与主题同名的《21世纪的高等教育：展望和行动》大会宣言以及相配套的《高等教育改革与发展的优先行动框架》。大会宣言要求各个国家和高等学校的决策者"把学生及其需要作为关心的重点，把学生视为教育改革主要的和负责的参与者，包括参与教育重大问题讨论、评估、课程及其内容改革，制订政策与院校管理，等等"，并预言"以学生为中心"的新理念必将对整个世界21世纪高等教育产生深远影响。这是"以学生为中心"首次见诸联合国机构的正式文件，从此这一提法逐渐成为权威性的术语和全世界越来越多教育工作者的共识，并在教学实践中不断尝试。

《格林伍德教育词典》（*Greenwood Dictionary of Education*）指出，以学生为中心的教育（SCL）是一种教学方式。在这种教学方式下，学生能够影响自己学习的内容、形式、材料和进度。在整个学习过程中，学生处于中心。教师给学生提供独立学习和相互学习的机会，并且给学生提供进行有效学习的技能指导。"以学生为中心"实际上是要实现本科教育从"教"到"学"、从"传统"到"学习"这一新范式的转变。在"以学生为中心（SCL）"的教育理念下，学习环境和学习活动是以学习者为中心，并由学习者自己掌控。

在这种理念下，首先是实现"五要五不要"：一是要理解学生，不要误解学生。教师应当理解并接受学生的现状，包括他们的优势与弱点，他们的特长与缺陷，他们的喜怒哀乐，他们的习性、情感和追求。二是要尊重学生，不要轻视学生。在任何时候，不应该有"被忽视的角落"或"被遗忘的角落"。三是要激励学生，不要压制学生。千万不能用标准化的指标去评价学生，抹杀学生的个性，压制学生的"冒尖"倾向。四是要批判，不要盲从。应该强调人的自由发展，而不能只是希望学生"听话"。五是要创新，不要一味记忆。要充分利用体验式学习、研究式学习等方法引导学生去创新，不要把学习过程变为记忆过程，千万不要把学生培养成只会考试的学生。

其次，以学习为中心，变教学为"助学"。1919 年陶行知提出，把"教授"改为"教学"，教学理念前进了一大步，改变了传统观念中教师满堂灌输，学生被动受教的陈旧模式。以后，许多教师在教学的时候，注意到了学生学的重要性，发挥了学生学习的主动性。在陶行知提出把"教授"改为"教学"已经过去近一个世纪的今天，情况已经发生了很大的变化。现在是知识爆炸的年代，学生需要学习的东西太多，现有的教学理念，已经不能满足学生课堂学习的需要。让学生自己学会学习，能主动学习，已经是必然要求。教师的作用最好就是授人以渔，帮助学生获得学习的方法，帮助学生学习，让学生自己通过主动学习完成学习任务。

要提高课堂教学效果，必须改变课堂教学结构。把"教学"改为"助学"，即让教师的教学活动变成助学活动，让学生真正成为学习的主人，这是一个正确的方向。"助学"作为理念，强调学习本质上是学生自己的事情，他人不可替代。"助学"，就是让教师通过一定方式帮助和促进学生学习。这里学生是主体，是学习的主人，在"助学"课堂里，教师不可喧宾夺主。"教学"改为"助学"，教师就会从传授知识为主，变成提示方法为主；"教学"改为"助学"，让本来课堂上"教师主宰与控制、学生顺从与依附"的师生关系，变成"学生积极主动学习、教师做出相应帮助"的师生关系。

再次，以实践为中心，变课后为"课堂"。实践教学的目的是为了检验学生所学理论与方法的掌握情况，采用相应手段，按照实际工作的要求进行实践操作的教学活动，是掌握基本技能的必要教学活动。通过实践教学的全过程，学生在巩固理论知识的过程中，掌握运用观察和实践的手段处理问题的基本技能，培养自己敢于质疑和探究的品质，端正学生严谨、求实的学习态度，养成良好的习惯，树立强烈的求知精神，锻炼观察能力、思维能力和实践操作能力，激发学生的学习兴趣和学习动机，提升创新能力，形成社会意识和合作精神，提高自身的综合素质。

实践证明，学生进入企业进行实习是培养学生专业技能和认识社会的核心手段，也是让学生正确认识自己的有效方式。每位学生在实习期间除了完成企业指派的任务外，还需完成专业方向的专题研究，该专题研究不是学术论文题目，而是源于与实习单位相关的实际问题。

最后，以互联网为学习主课堂，变传统课堂为"体验场"。一方面，现在的课堂早已从最初的"一支粉笔一张嘴、一块黑板一本书"传统课堂过渡到了多媒体网络课堂，如今正在向移动课堂和智慧课堂发展。这种演变是不可逆转的，唯一的出路就是运用云计算、社交技术、大数据支持的个性化的交互学习系统以及线上线下相融合的"OMO"混合学习模式。另一方面，不能认为传统课堂就要被淘汰，恰恰相反，传统课堂比以往变得更为重要。在学习的过程中，我们都有一种体会，只要是在一次深度体验中获得的知识往往会记住一辈子。所以，传统课堂要演变为情境体验场，案例教学、辩论、小组讨论、现场角色扮演等都是主要的体验方式。

1.2　问题提出

1.2.1　知识导向还是能力导向

"知识是基础""知识就是力量""知识改变命运"，这些观念根深蒂固地存在于每一个教育者心中，也经常成为家长或教师说服孩子好好读书的理由。由"知识目标导向"模式培养出来的教师更不会轻易放弃"传承知识"的重任，"以人为本"被误解成"培养学生掌握更多更深的知识"。

在此观念的影响下，教育者经常将过多、过滥、过深的知识灌输给学生，死记硬背、重复操练成为学生的主要学习行为，没有互动、缺乏理解的学习过程必然导致"高负低效"课堂。学生被看成是一个接受知识的容器，教师则成为知识的传授者，"满堂灌""一言堂""安静听""认真记"成为课堂的基本形式。

笔者在近年的研究生指导中，就发现好多考分很高的研究生，实际上只会"学习"，并且这种会，还仅仅是记忆。现在，一些研究生三年都在忙于考各种各样的证，一旦让给导师做点小课题，写点什么材料，拿出来的东西实在不敢恭维。本科生阶段和研究生阶段最大的区别在于本科阶段定位"study"，而研究生阶段定位在于"research"。而很多研究生最缺乏两种能力：一是问题分析能力，如何提出一个有价值的创新性问题，如何对问题进行深入分析，如何找到解决问题的突破口；二是批判和质疑能力，在知识碎片化和信息爆炸时代，人们忙于阅读和保存最新的知识，已经没有时间来进行深度思考，很多研究生也不愿意去思考了。现在很多教师，特别是不能带博士生的导师，已经不愿意带研究生了，他们最大的一个体会就是"现在的很多研究生什么也干不了"。这就说明，我们的本科教育出了很大的问题，我们的本科教育太注重知识的传承了，而严重忽视了学生能力的培养。

中共中央印发的《关于深化人才发展体制机制改革的意见》明确指出：突出经济社会发展需求导向，建立高校学科专业、类型、层次和区域布局动态调整机制；注重人才创新意识和创新能力培养，探索建立以创新创业为导向的人才培养机制，完善产学研用相结合的协同育人模式。教育部、国家发展改革委、财政部联合发布的《关于引导部分地方普通本科高校向应用型转变的指导意见》，要求以社会经济发展和产业技术进步驱动课程改革，整合相关的专业基础课、主干课、核心课、专业技能应用和实验实践课，更加专注培养学习者的技术技能和创新创业能力。《关于印发统筹推进世界一流大学和一流学科建设总体方案的通知》（国发〔2015〕64 号），要求加强创新创业教育，大力推进个性化培养，全面提升学生的综合素质、国际视野、科学精神和创业意识、创造能力。

2017 年 6 月 24 日，陕西省人才交流服务中心公布了 2016—2017 年度陕西省重点行业领域急需紧缺人才的调查结果。结果表明：学习能力与实践经验是求职者的核心竞争力。在调查的 408 家用人单位中，要求任职者有一定工作经验的占 80.4%，其中要求有 5 年以上工作经验的占 17.6%；要求任职者具备 1~3 项专业技能，并能够出具相应资质证书的占 78.2%。通过调研大量物流企业和访谈物流企业中高层管理者，笔者发现企业真正需要的是具备较强素能的物流管理专业大学毕业生，要求其必须初步具备解决实际问题的能力，而我们现在的培养方向仍然强调和侧重"学知识"，是明显的知识本位主义。

现在，我们的社会和行业在大学生就业上普遍存在"鄙视链"，如图1-2（a）所示；但如果地方院校的学生具备高"素能"，是完全可以实现"逆转"和"公平竞争"的，如图1-2（b）所示。实际上大部分用人单位采用的就是这样的标准：对于真正优秀的用人单位来说，对学校的重视程度其实并不高，学校判定标准A的占比会比较小，而能力判定标准B的占比会更大。

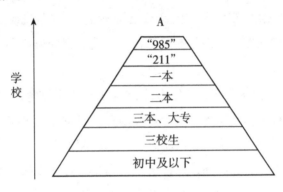

（a）物流人才学校判定标准

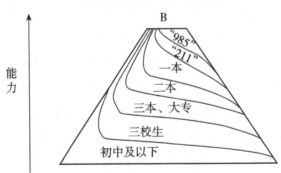

（b）物流人才能力判定标准

图1-2　物流人才判定标准

注：图片来自百度。

三校生指正在接受中等职业教育的学生。中等职业教育包括职业高中、中等职业技术学校（含职业中专和成人中等专业教育）、中等技工学校等。

1.2.2　专业导向还是综合导向

比尔·盖茨、乔布斯、巴菲特、拉里佩奇、贝佐斯……这些白手起家的成功企业家都坚持每天学习，他们都是那种学习不同领域的知识，然后系统地加以整合并成为各自领域前 1% 的人。根据比尔·盖茨自己的估计，他 52 年来坚持每周读一本书，其中许多书与软件或业务无关。整个职业生涯中，他每年安排两周时间作为阅读假期。华伦·巴菲特认为他成功的秘诀是："每天读 500 页。这就是学习知识的方法。知识需要积累，就像复利（compound interest）一样。"

我们的教育系统建立在一个将知识分为不同学科——数学、文学、历史、科学的模型上。从幼儿园开始，我们得到的信息就是，这些学科最好是单独学习。我们甚至将这些学科进一步分解成更小的学习领域——例如经济学分解为微观经济学和宏观经济学。这种分解成更小的学习领域并分别加以教学的模式被称为还原论。

还原论（Reductionism）是一种哲学思想，认为复杂的系统、事物、现象都可以被化解为各部分之组合来加以理解和描述。20 世纪 60 年代以前，西方科学研究的方法，从机械到人体解剖的研究，基本是按照笛卡儿的方法论进行的。笛卡儿方法对西方近代科学的飞速发展，起了相当大的促进作用。笛卡儿还认为世界就像一台机器，一台极其精密的机器，这台机器可以通过被拆散而被理解，研究完这些部件后，再将它们拼在一起，可以更好地看到一个完整的全景。

生物学家詹姆斯·祖尔在他的《改变大脑的艺术》一书中论述道："通常我们不具有连接一个学科与另一个学科的神经网络，尤其是如果我们已经学习了将知识分解为数学、语言、科学和社会科学等部分的标准课程之后，学科知识是分别建立起来的，我们往往看不到学科的关联性"。这说明还原论存在着固有缺陷。

在物流管理人才培养计划中，根据物流活动的分类，我们把课程通常分为现代物流学、仓储管理、运输管理、配送管理、物流系统规划与设计、供应链管理、物流系统工程、采购学、专业外语、国际货运代理、物流信息技术与应用、物流园区、物流标准化、物流安全管理、物流经济与政策等课程。

然而，我们的学生在工作和研究中，面对的是具体问题，这些具体问题的解决是需要集成能力的。随着全球科技的高速发展，竞争日趋激烈，创新已成为人才教育的重点，拥有集成创新的能力和素质已成为不可或缺的部分。在商业领域，集成创新能力是把各个已有的知识和技术单项有机地组合起来、融会贯通，构成一种新产品或经营管理方式，创造出新的经济增长点。

1.2.3 知识再现还是情境体验

传统教学模式的有效性正在逐步降低，学生上课玩手机、上网的情形正在逐步增多，能够认真听课、积极思考问题的情形正在逐步减少。传统课堂教学主要体现为一种知识再现。所谓知识的"再现"，就是教师在教学过程中不拘泥于课本"原版"，而是在吃透教材的基础上融入自己对知识的认知和感受，勇于创新，寻求最佳的方法和切入点，准确形象地把知识"再版"给学生。

波利亚认为"学习任何东西最好的途径是自己去发现它"。德国著名教育家第斯多惠也指出："一个差教师奉送真理，一个好教师则教人发现真理。"

教师应该做一个有心人，从学生平常的生活、学习实践中发现、收集素材作为课堂活动的背景资料，这些从生活与实践中得到的素材真实并且能令学生信服；其次，根据素材设计情境，并以辩论、演讲、分享、角色扮演等活动为载体，融入相关学科的知识，借助学生以往经历、体验、情感等引导学生进行充分地沉浸式学习。

情境教学是指创设有真实事件或真实问题的情境，学生在探索事件或解决问题的过程中自主地理解知识、建构意义。在情境教学中，教师是事件的探索者或问题的解决者，并在共同建构意义的过程中给学生必要的帮助。体验式教学是师生通过各种真实情境的体验活动来实施课堂教学活动；是以"情境素材"作传媒者；是以"体验活动"为获取知识的手段，并区别于以往由"师说"来传情达意、有异于靠"生听"来灌输新知；是主体建构主义理论在课堂教学实践中的具体应用。

情境体验式教学法就是将情境教学和体验式教学相结合，强调教师运用多种教学媒体与教学资源，创设一个生动的情境，引导学生用角色扮演的方式体验，引起学生探究课程内容的兴趣，让学生在创设的情境中体验，在体验中探究，达到构建知识、提高能力和培养兴趣的课堂教学学习目的。

现代技术的渗透，数字化生存环境的形成，基于虚拟化技术的云计算以及可视化大数据的应用，为现代教育技术和教学理论的深入融合奠定了基础。现阶段微课、慕课、翻转课堂、手机课堂、基于"互联网＋"的云教室等多种教学方式和教学手段大量涌现为情境体验的应用奠定了基础。

1.2.4　人才培养层次有机衔接

物流管理人才培养教育一般可分为学历教育与非学历教育两类。学历教育是在学校里学习基础知识、理论和实践方法，侧重基础性和知识性；非学历教育一般由社会团体、研究及企事业单位、咨询机构负责，以培训、讲座、研修等形式进行。学历教育面向在校生，主要是完成学业，学习课程系统性较强，学习时间较长；非学历教育面向在职人员，侧重人员的培养训练，重点放在专业技术水平的提高以及职业资格认证、职级晋升等，见表 1 - 2。

1980 年，北京物质学院王之泰教授第一个把物流概念带入大学课堂；1984 年，北京交通大学把材料技术供应专业改为物资管理专业，同年，国内第一个把硕士培养方向改为物流管理工程方向；1985 年，北京科技大学吴清一教授、社科院数量与技术经济研究所吴润涛研究员开始辅导物流研究生；1993 年，国家教委新修订的"大学本科专业目录"，将"仓储运输管理"等专业改为"物流管理"专业。北京工商大学、北京物资学院、北京交通大学、郑州工程学院、华中科技大学等陆续开办"物流管理"专业，培养本科、硕士、博士生；1998 年，教育部第四次修改"大学本科专业目录"，将 500 多个专业压缩到不足 250 个，"物流管理"专业被并到"市场

营销"专业；2001 年 4 月，中国物流与采购联合会成立后，会长陆江、常
务副会长丁俊发十分关注此事，同年 8 月，该联合会在华中科技大学组织
召开了"首届全国高校物流教学研讨会"，并向教育部提交了"恢复物流
管理专业的建议"。教育部很快就批准了北京物资学院、西南交通大学设
立物流管理专业，北京交通大学、北京工商大学、中国人民解放军军事后
勤学院也分别向教育部、解放军总后勤部申请设立物流管理专业；2002
年，已有北京交通大学、北京工商大学、北京物资学院、同济大学、上海
财经大学、西南交通大学、大连海事大学、武汉理工大学、哈尔滨商业大
学、长安大学、西华大学、中山大学岭南学院等 40 所高校招收物流管理专
业本科生。

表 1-2   物流管理人才类型

层次	岗位	学历层次
一般物流从业人员	企业的一线员工。从事具体物流作业，如货物上架、分拣、配送等，随着先进机械设备和信息技术在现代物流中的广泛应用，对一般物流从业人员提出了更高的技术要求	高职高专
部门物流管理人才	企业的采购经理、销售经理等。主要从事对物流运作过程的单一环节进行管理，作为部门管理者，要在相关物流理论指定下，使本环节的物流管理更有效和更合理，例如如何确定采购批量和批次、如何确定最优库存、如何确定最优运输线路等	本科
高级物流管理人才	企业的物流管理总监等。应有较高的学历和丰富的物流工作经验，能够对物流的各个环节起到规划、管理、控制和调节作用。需要有坚实的专业理论基础，处理好物流各环节之间的关系，使物流各环节能彼此协调	本科以上
物流教学及研究人才	高校和研究机构物流教学研究人员等。具有坚实的理论功底、较强的科研能力，宽阔的专业视野，善于从战略上观察和思考问题	研究生及以上

2007 年 4 月 15 日至 17 日，根据《教育部关于成立 2006—2010 年教育部高等学校有关科类教学指导委员会的通知》（教高函〔2005〕25 号），2006—2010 年教育部高等学校物流类专业教学指导委员会成立大会暨第一次全体委员会议在上海召开。高等学校物流类专业教学指导委员会是在教育部领导下开展高等学校本科物流类专业教学研究、咨询、指导、评估、服务等工作的学术性专家组织。本届物流类专业教学指导委员会是我国高等教育史上第一个物流类专业教学指导委员会，秘书处设在中国物流与采购联合会，这是国内第一个吸收行业组织作为成员并将秘书处设在行业组织的高等学校教学指导委员会，开创了高校教育与行业组织相结合的先河。2013 年 4 月 24 日，教育部公布了《教育部关于成立 2013—2017 年教育部高等学校教学指导委员会的通知》（教高函〔2013〕4 号），确定设立新一届包括教育部高等学校物流管理与工程类专业教学指导委员会在内的一百多个专业教学指导委员会。首届全国物流职业教育教学指导委员会于 2010 年 12 月 27 日在北京成立，作为全国中等职业教育教学改革创新指导委员会的下设机构，接受教育部委托，由中国物流与采购联合会牵头组建，秘书处设在中国物流与采购联合会培训部。

1.2.5　"政产学研用社"有机衔接

"产"指企业，"学"指高等院校，"研"指科研机构。我国提出"产学研"结合至今已有 20 多年。当初这个问题的提出主要是为了解决科技与经济"两张皮"的问题。"产学研"结合即产业、学校、科研机构等相互配合，发挥各自优势，形成强大的研究、开发、生产一体化的先进系统并在运行过程中体现出综合优势。

"产学研"结合教育模式由美国辛辛那提大学工程学院教务长赫尔曼·施奈德开创，他于 1906 年在辛辛那提大学推行了第一个合作教育计划。1983 年成立世界合作教育协会，标志着合作教育已经成为世界性的教育改革潮流。麻省理工学院实施本科生科学研究计划，明确规定大学生的学习内容除了课程学习之外，还有科学研究方面的学习和任务；德国所谓的大学教育的第二次革命，就是指出"教学与科研相结合"的过程；英国大学则实行工读交替制，大学生在学习期间要到与本专业有关的企业部门工作一年或两年，这已经成了制度。

实践证明，"产学研"结合是国际公认的培养创新人才的最佳途径。我国于20世纪80年代后期引进合作教育。1991年4月在上海成立全国产学研合作教育协会，1997年10月教育部发出《关于开展产学研合作教育"九五"试点工作的通知》，确定了"九五"期间在全国28所高校开展"产学研"合作教育试点工作。

随着信息技术的发展和创新形态的演变，以用户创新、开放创新为特征的面向知识社会的创新越来越被重视，政府在开放创新平台搭建和政策引导中的作用以及用户在创新进程中的主体地位进一步得以凸显。从"产学研"合作到"政产学研"，从"政产学研"到"政产学研用"，虽然只有一两字之差，但后者进一步强调了应用和用户，突出了"产学研"结合必须以企业为主体，以用户为中心，以市场为导向，进一步突出了知识社会环境下以用户创新、开放创新、协同创新为特点的创新2.0新趋势。

其中，"政"是指政府部门，一些关系国计民生的重大技术和重大工程需要政府的关注和支持；"用"是指用户，重大工程的承建和运营单位就是这些关键核心技术及其技术装备的重要用户，这些用户实际上往往参与到关键核心技术装备的中试和工程示范过程中，没有用户的参与、购买和使用，整个技术创新过程很难真正完成。

但是，"产学研"和"政产学研用"，在中国有些变了味道，功利化色彩越来越重。产业化，让学术科研也染上了"铜臭"味儿，教育变得那么"功利"，师者变得那么"肤浅"。现在有些老师论文、课题很多，但是所教的学生学习成绩却很差。因为他们没有把主要精力投入到教育教学实践中，去认真研究教材和研究学生，而是整天围绕论文、课题等几乎和学生学习没有关系的研究内容。因为，论文、课题获奖或发表了，自己的学术知名度就提升了，同时自己评职称也有资本了，但是却没有时间再去钻研教材和教学。

中国的教育应该实现理性回归，做到四个"回归"，即回归常识、回归初心、回归本分、回归梦想❶，具体见附件一。一要回归常识，强化通识教育、为所有学生的全面发展夯实基础。二要回归初心，充分发挥基层院系和专业教师在学术上的重要作用，催生学校持续发展的内生动力。三要回归本分，培养批判性思维，增强学生辨别是非、求实创新的基本素质。四要回归梦想，扎根中国大地，开拓创新进取，办好人民满意的大学。中国的学校应该更注重精神的学习，而不是像资本主义那样更看重经济。诚然没有物质基础，只追求精神的崇高是不现实的，但毕竟体制不同，所以中国的高校也应有所不同。大学教育的回归，要不忘初心，就是要促进社会进步。因此，要实现"政产学研用社"有机衔接，如图 1-3 所示。"政产学研用社"结合的最终目的在于借助高水平的人才质量完成对社会文化的推动，来提升社会整体的人文素质和道德水平。

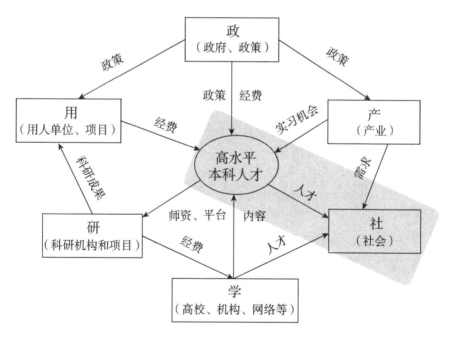

图 1-3　"政产学研用社"有机衔接

其中，现在"学"的场所已经不仅仅是学校了。相对于"70 后"的

---

❶　惠朝阳. 从美国高校看"四个回归". 中国教育报［N］，2018-05-07.

"标配"（书、教室、宿舍），现在"90 后"，特别是"00 后"的"标配"是手机、网络和社会，这些学生获取知识的方式、速度和广度已经远远超过了当下的教师。现在，很多学生上课"三多"现象（睡觉多、看手机多、看闲书多），根本的原因恐怕在于老师教的东西对学生来讲毫无兴趣点，甚至是过时的东西。另外，学生宁愿花"巨资"去参加社会上的各种培训班，原因在于这些培训班讲的都是最新的东西，学生认为学那些才是有用的，这不得不说是我们传统学校教学的危机和悲哀。

从教育的综合目的来看，成功的教育经得起社会、文化、经济等的检验，比如从社会意义上来说，教育应该鼓励学生成为积极热情的公民；从文化意义上来说，教育应指导学生更好地认识自己国家的文化，而且尊重多样的他国文化；从经济角度来看，教育教会学生足够的知识和技能，使其成为对国家和社会有用的人。

1.3　理论基础

1.3.1　大学教育目的

古希腊文化教育为西方传统文化教育的正宗，因此西方高等教育多追溯于古希腊时期。这一时期苏格拉底创办了修辞学校，柏拉图创办了图雅学园，亚里士多德创办了吕克昂哲学学校，涌现出较多的修辞学校和哲学学校。这些师生聚会游学团体的出现，对"雅典大学"、古罗马文化以及中世纪大学的诞生有很大的影响。一般认为，现代大学起源于欧洲中世纪❶。476

---

❶　中世纪（Middle Ages）（约公元 476—1453 年），是欧洲历史上的一个时代（主要是西欧），自西罗马帝国灭亡（公元 476 年）到文艺复兴和大航海时代（15 世纪末到 17 世纪）之前的这段时期。这个时期的欧洲没有一个强有力的政权来统治。封建割据带来频繁的战争，基督教对人民思想的禁锢，造成科技和生产力发展停滞，人民生活在毫无希望的痛苦中，所以中世纪或者中世纪早期在欧美普遍被称作"黑暗时代"，传统上认为这是欧洲文明史上发展比较缓慢的时期。

年，西罗马帝国的灭亡，标志西欧进入封建社会。由于西欧封建制是在古罗马帝国的一片废墟上建立的，所以西方文明经历了一个极其缓慢的历史发展进程。但正是在这一缓慢的变革过程中，孕育了西欧中世纪城市的兴起和资本主义的萌芽，也出现了汇集学者名流、集体探讨学问、系统进行教学活动的中世纪大学。它的出现，反映了当时西欧社会政治、经济的发展对学校教育的新要求。应运而生的中世纪大学，即成为新思想、新文化的论坛和科学文明的发源地。中世纪大学是欧洲中古时代留给后世的最为宝贵的文化遗产之一，是世界范围内现代大学的直接渊源❶。

　　拉丁文"大学（universitas）"这个名称，是 1228 年由教皇颁布的敕令首先对教师和学生使用的术语。欧洲中世纪的大学本为执有特许状的一种社团，享有高度的自由，实行完全的自治。教者可以自由地讲授，学生可自由地研究，允许大学师生结社、罢课、罢教，自由安排课程、聘请教师或享有迁移权、行乞权、免纳捐税、平时免受兵役和不受普通司法机关管辖等。中世纪的大学都在不同程度上要受到教会的控制，都必须开设神学方面的课程；而大学的教师也大多数都是传教士或基督徒。

　　中世纪大学在开办时没有真正的地产，这一事实使得大学极富流动性，大学因此能够以停办或迁址到其他城市作为交涉手段，而使地方当局做出某些让步。如果说，教会统治的是人的信仰，封建领主管辖的是人的世俗生活的话，那么大学的疆域则是学术与知识。中世纪大学有自治和学术自由，而且是民主、平等的机构。教师有权竞选校长或院长，大学生更多的来自市民或农民家庭而不是贵族家庭，上大学同当神职人员一样，成为普通人子弟跻身上流社会的途径。

　　中世纪大学之后，西方大学又经历了近代大学到现代大学的演变。资本主义的兴起和科学技术进步的影响，要求大学为社会培养高水平实用型人才。西方现代大学的诞生以"威斯康星思想"形成时期的美国威斯康星

---

❶　徐建国. 从西方大学的起源和发展看现代大学的精神内核［J］. 北方民族大学学报（哲学社会科学版），2011（2）：131 − 136.

大学为标志❶。该思想是由威斯康星大学校长查尔斯·范海斯于 1904 年提出的，其核心内容是：威斯康星大学在教学和科研的基础上，通过输送人才和输送知识两条渠道，打破了大学的传统封闭状态，努力发挥了大学为社会服务的职能，积极促进了全州的社会和经济的发展。随着威斯康星大学承诺为其所在的地区经济发展服务，"威斯康星思想"深入人心。它把大学引入一个全新的世界，大学一方面保留了学术自由，另一方面成为促进社会发展进步的重要组织机构之一。

在中国，封建王朝的国子监所隶属的"国子学"就是一种大学。《礼记》载有"国有学"，可知这种性质的学校在周朝就有了。中国近现代大学的缘起始于洋务运动兴起后的西学渐入。1895 年盛宣怀创办天津中西学堂，第二年更名为北洋大学堂，以"科教救国、实业兴邦"为宗旨，以美国哈佛大学、耶鲁大学为蓝本，进行专业设置、课程安排和学制规划，以培养高级人才为办学目标，为我国近代最早的一所工科大学，即天津大学的前身。北洋大学堂的创办，开启了中国大学教育的航程。1898 年京师大学堂在戊戌变法中应运而生，成为中国近代第一所国立大学和综合大学，也为当时的最高学府。1912 年京师大学堂改名为北京大学，严复为首任校长。1916 年蔡元培担任北京大学校长，"循思想自由原则、取兼容并包之义"。北京大学不仅是当时的国学中心，更是全国新文化运动的发祥地和马克思主义的中心。北大自由民主的精神和显赫声望延续长存。清华大学始于 1911 年庚子赔款而创立的清华学堂，初期为留美预备学堂。1925 年清华学校设大学部，开始招收四年制大学生，1928 年组建为国立清华大学，罗家伦为首任校长，1931 年起梅贻琦任校长。1930 年前后，当时的清华大学迅速发展成为全国最高水平的大学，名师济济，从此奠基了清华大学的声望和顶尖学府的地位。

---

❶ 随着社会的变革和发展，大学的功能也不断丰富和拓展，从中世纪大学强调"人才培养"到 19 世纪德国洪堡倡导"科研"与"教学"并重，再到 20 世纪初美国威斯康星大学提出"社会服务"。近年来，国内外有学者还提出大学承担着"文化传承创新""国际合作交流"等功能。在新时代，大学的功能演变为人才培养、科学研究、社会服务和文化传承创新。

新中国成立以后，我国大学制度变迁经历了四个阶段：第一阶段是 20 世纪 50 年代的大学院系调整，第二阶段是改革开放以来我国大学制度的全面改革（1985—1998 年），第三阶段是大众化背景下的我国大学制度改革（1999—2012 年），第四阶段是十八大以后的高等教学改革（2013 年至今）。在第一阶段，大学的行政性得到不断凸显，而大学制度的学术性被不断地削弱，大学的科研职能也逐步地丧失；在第二阶段，大学的行政性得以削弱，经济性得以不断凸显；在第三阶段，学术性得以不断凸显❶。党的十八届三中全会通过的《中共中央关于全面深化改革若干重大问题的决定》提出了"深化教育领域综合改革"总体要求。2014 年 5 月 4 日，习近平同志在北京大学考察期间，对发展具有中国特色、世界水平的现代教育作了进一步阐释，他指出："办好中国的世界一流大学，必须有中国特色。"同时，他提出："我们要认真吸收世界上先进的办学治学经验，更要遵循教育规律，扎根中国大地办大学"。2015 年 11 月，国务院印发了《统筹推进世界一流大学和一流学科建设总体方案》，方案强调了"中国特色，世界一流"的核心要求。

传统上，大学最基本的功能就是传授知识和学术研究。从中国古代的书院到欧洲中世纪起源的现代大学，无不把这两个功能作为己任。中国的书院开始是作为藏书或学者聚集在一起讨论学术问题的场所，后来演变成一种由"学术大师"主持的教育及学术机构，开门授徒，聚众讲学，讨论学术。除了这些"民办高校"以外，自汉代以来，中国的"官办高校"太学和国子监等也在不同程度上起着这样的双重作用。在中世纪，欧美的大学在当时世俗政权和宗教势力这两大社会势力中，通过教师行会的方式为自己谋求教学和探讨学术的自主权。

目前，大学日趋职业化。大学将自身定位为职业训练所，并以培养市场所需人才为最高目标。例如大学将大量资源投向热门的职业导向课程，滥招学生，漠视质量。而在评估教育成效时，则往往只以学生的市场竞争

---

❶ 张侃. 新中国成立以来我国大学制度变迁因素分析——基于韦伯"理想形态"的研究方法［D］. 西安：西北师范大学，2009.

力作为衡量标准。在这种环境下，价值教育将难以展开，因为职业训练基本上是工具和思维的理性训练，目标早已由市场定下，不容置疑，剩下的只是教导学生如何用最有效的手段达到目标。工具思维的运用能力固然重要，但如果整所大学均着眼于此，却没有提供足够的创造空间，容许学生对市场社会的主流价值做出反思批判，那将严重阻碍学生价值意识的发展。

在笔者看来，价值教育在中国，至少存在以下两个方面的误区。

第一，把价值教育等同于思想教育。我国的教育体系，从中学到大学，长期以来都把价值教育等同于思想教育，并要求所有学生接受同一种思考模式，严重伤害了他们的创造力和独立思考能力❶。但人不是机器，而是活生生的有反思能力和自主能力的个体。无论多好的观念和理论，一旦强行灌输，就成了教条，难免阻碍心灵的自由发展。中国大学教育近些年来快速发展，实现了高等教育的大众化。但是，中国作为世界上人口最多的国家，如果希望未来成为经济与科技强国，就必须要有一批出色的人才，而要想有一批出色的人才，中国一定要有一流的大学教育。大学教育不仅要教会学生知识，更应该培养学生较强的创造能力和建设性的批评精神。大学必须创造一个活泼多元、兼容并包的学术氛围，让师生在其中自由探索。价值教育不应是独断的、教条的、家长式的灌输，每个学生都应是独立自主的个体，有自己判断的能力，同时懂得为自己的选择负责。大学不应将学生培养成千篇一律的人，而应鼓励他们发展各自潜能，活出个性。并且，也不要误将价值教育等同于政治教育或党派教育。

第二，价值教育就是西方的"普世价值"教育。在这里，笔者认为我们必须搞清楚三个问题：一是什么是普适价值，二是中国的普适价值和西方的普适价值，三是如何正确看待西方的普适价值。"普适价值"中的"普适"借用了希腊化时期斯多葛学派"普世主义"的概念，强调价值观念的永恒性与普适性。普适价值（universal value）是指已经存在的，并不具有广泛争议的公共秩序以及风俗习惯。无论是政治、经济的，还是体

---

❶ 周保松. 重建中国大学的价值教育［N/OL］. （2010 - 08 - 27）. 南方周末，http：//news. sciencenet. cn/htmlnews/2010/8/236725 - 1. shtm.

制、制度、道路的，最终都是文化的，这已经形成共识。任何优秀文化都具有普适价值。中国文化无疑是世界最优秀的文化之一，显然具有普适性。事实证明，国家强盛，其文化的影响力就强。1840 年鸦片战争以后的 100 多年间，一些中国人都在质疑中国文化，有人竟然写出了《中国文化的劣根性》一书，其根源在于国家的落后与贫穷。

中国传统文化核心元素——儒学的核心是"仁"。中国传统政治是仁政，实质是推行对内自强而对外宽厚的文化。另外，儒家文化的本质是"和"，"和而不同"是其核心的价值理念，是中国文化与不同国家、不同文化之间和谐共生共存的基本准则。中国特色马克思主义指导中国共产党领导中国人民，建设中国特色社会主义的社会是共同富裕，而且声明永不称霸世界。因此，这一目标与中国传统文化核心元素——儒学的核心"仁"及其核心价值理念"和而不同"是一致的。因此，中国文化具有普适价值。中国传统文化中的普适价值资源丰富。中国文化的很多方面，例如正义、中和、仁德、和谐、包容、和平、天人合一同样具有普适价值。

　　——核心思想理念。中华民族和中国人民在修齐治平、尊时守位、知常达变、开物成务、建功立业过程中培育和形成的基本思想理念，如革故鼎新、与时俱进的思想，脚踏实地、实事求是的思想，惠民利民、安民富民的思想，道法自然、天人合一的思想等，可以为人们认识和改造世界提供有益启迪，可以为治国理政提供有益借鉴。传承发展中华优秀传统文化，就要大力弘扬讲仁爱、重民本、守诚信、崇正义、尚和合、求大同等核心思想理念。

　　——贯穿国民教育始终。围绕立德树人根本任务，遵循学生认知规律和教育教学规律，按照一体化、分学段、有序推进的原则，把中华优秀传统文化全方位融入思想道德教育、文化知识教育、艺术体育教育、社会实践教育各环节，贯穿于启蒙教育、基础教育、职业教育、高等教育、继续教育各领域。以幼儿、小学、中学教材为重点，构建中华文化课程和教材体系。编写中华文化幼儿读物，开展"少年传承中华传统美德"系列教育活动，创作系列绘本、童谣、儿歌、动画等。修订中小学道德与法治、语文、历史等课程教材。推动高校开设中华优秀传统文化必修课，在哲学社会科学及相关学科专业和课程中增加中华优秀传统文化的内容。加强中华优秀传统文化相关学科建设，重视保护和发展具有重要文化价值和传承意义的"绝学"、冷门学科。推进职业院校民族文化传承与创新示范专业点建设。丰富拓展校园文化，推进戏曲、书法、高雅艺术、传统体育等进校园，实施中华经典诵读工程，开设中华文化公开课，抓好传统文化教育成果展示活动。研究制定国民语言教育大纲，开展好国民语言教育。加强面向全体教师的中华文化教育培训，全面提升师资队伍水平。

资料来源：中共中央办公厅、国务院办公厅 2017 年 2 月 7 日印发的《关于实施中华优秀传统文化传承发展工程的意见》。

西方宣扬"普适价值"，实质是推销西方的所谓"民主国家体系"和"自由体制"。西方价值观是建立在生产资料资本主义私有制基础上的，认为只有资本主义市场经济才能保证民主、自由、平等、人权等价值观的实现。西方国家把资本主义看作人类社会最美好的制度，把资本主义民主、自由、平等、人权等宣扬为"普世价值"。2015 年 12 月 11 日，习近平同志在全国党校工作会议上发表了长篇讲话。讲话中，对党校工作者，也是对理论界提出了 13 个问题，其中两个就是：如何看待自由、民主、平等的科学内涵和实践，如何看待西方所谓的"普适价值"。在对待这个问题上，笔者认为：一定不能政治挂帅，研究中国要从中国实际开始。事实上，西方的"普适价值"既没有解决好西方社会问题，也不可能适应中国社会。

苏联、东欧解体之后，国际上一度兴起了一股探讨"全球伦理"和"全人类普遍价值"体系的热潮。各国人士把"存在着地球上全体人类共同的普遍价值和伦理准则"当作一个不言而喻的共识和前提，开始致力于寻找和制定相应的规范体系。在这个热潮中，继多国神学界学者共同发布《全球伦理宣言》之后，联合国教科文组织（UNESCO）也发起一个起草《全人类普遍价值宣言》的行动。UNESCO 为起草这一宣言举办了多场国际学术讨论会，以征求各国专家的意见。但由于各国学者的观点分歧很多，其间争议很大。例如有人主张把出自中国古代、被称作"道德金律"的"己所不欲勿施于人"列为普遍价值原则，另一些人却给予深刻的批判和否定，所以这一宣言非常难产。在 1998 年 6 月于北京召开亚洲地区专家会议上，正是中国学者发表的意见澄清了问题的关键，从而发挥了重要作用，帮助 UNESCO 下决心中止了起草《全人类普遍价值宣言》行动，并转而于 2000 年发表了一份《人类文化多样性宣言》。

资料来源：李德顺. 普世价值与中国故事［J］. 人民论坛，2014（4）：42－44.

党的十八大报告首次提出了社会主义核心价值观的基本内容："倡导富强、民主、文明、和谐，倡导自由、平等、公正、法治，倡导爱国、敬业、诚信、友善"。这个表述是分别从国家、社会、个人三个层面进行的，"富强、民主、文明、和谐，是国家层面的价值目标；自由、平等、公正、法治，是社会层面的价值取向；爱国、敬业、诚信、友善，是公民个人层面的价值准则。"社会主义价值观与无产阶级道德观具有趋同性，是迄今为止最高层级的价值观，代表着人类文明发展的方向和未来❶。

---

❶　2018 年 5 月，中共中央印发《社会主义核心价值观融入法治建设立法修法规划》，强调力争经过 5 到 10 年时间，推动社会主义核心价值观全面融入中国特色社会主义法律体系。

教育的目的，总是将人由一种状态带到另一种更好的状态。因此，问题不在于要不要价值教育，而在于这些价值是否合理。真正的自由教育，不代表大学放任不管，随学生喜欢怎样就怎样；也不代表大学要价值中立，不敢有自己的道德信念。它所期盼的，是创造自由的空间，容许自由的人在其中自由思考，学会分辨什么是好的和什么是正当的价值，然后在生活中好好实践这些价值。中国高等教育的未来，以至中国的未来，相当程度上系于价值教育是否在大学中仍然有其价值。

教育的核心是育人，育人的核心是价值教育。因此，我们的教育必须回归价值教育。价值教育在今天举步维艰，更根本的原因，是社会早已合理化自利主义，使得人们不自觉地相信个人利益极大化是做所有事情的最终理由。风气所及，自利贪婪不仅不再被视为恶，反而被当作推动经济发展和社会进步的主要动力，并在制度和文化上大肆宣扬。如此一来，所谓"幸福生活"自然被理解为个人欲望的满足，而道德考量则被视为对个人利益的外在约束。"只要不被人发现，什么都可以做"遂被广泛接受，伦理规范则逐渐失去内在约束力。大学要有整体的教育观，并将价值教育的理念渗透到大学每个环节，包括主修课程和通识教育、宿舍生活和学生社团活动等，让学生时刻能够思考价值，实践全人教育❶。价值教育的目标，是培养有反思能力具道德意识且关心社会的自由人。

那么，大学教育的核心价值是什么呢？是学术自由，还是公平公正？在中世纪大学，学术自由是学者心中普遍的价值取向。学术自由主要是指大学的教职员工有教学和研究的自由，即他们有权按照他们认为正确的传统和法则自由地进行知识探索和学术研究。大学之大，不在规模之大，而在精神之大。大学之大，不在高楼，不在围墙，而在学问之深。大学之大，不在校名，不在宣传，而在名师繁荣，大家涌现。世界有许多著名大

---

❶ 全人教育的说法来自于人本主义教学理论，罗杰斯是人本主义教学理论的代表性人物。在人本主义教学理论中，罗杰斯指出：现实的教育是一种知、情严重分离的教育，而情感和认知是人类精神世界中不可分割的部分，是彼此融合的。因此，该理论认为，教育的目的不仅是教学生知识或谋生的技能，更重要的是针对学生的情意需求，使其在认知、情感、意志等方面均衡发展，培养健全人格。

学，多则万人，少则千人。这些一流大学出诺贝尔奖获得者，出科学家，出大师已经是屡见不鲜的事情了。今天，面对诺贝尔奖我们只能望而兴叹，然而当年西南联大❶在那样艰苦的条件下，却培养出包括后来的诺贝尔奖获得者在内的一大批杰出人物。靠的是什么？不是华丽的教学大楼，不是名人，而是一大批有才华、有良知的大师，从而引导和激发无数热血青年为国家和民族而发奋苦读。

西南联大仅仅存在了 8 年多时间，却创造了一个中国高等教育史上的奇迹。究其主要原因就是西南联大在特殊时期、在艰巨的条件下培育出来的大学精神。刚毅坚卓、思想自由、社会责任和爱国主义是西南联大大学精神的高度概括。

思想自由是西南联大大学精神的核心，充分体现在学术自由和不拘一格的人才选用上。学术自由首先表现在为师生创造一个包容、宽松的学术氛围。梅贻琦先生认为西南联大应："追随蔡元培先生兼容并包之态度，以克尽学术自由之使命；昔日之所谓新旧，今日之所谓左右，其在学校应均予以自由探讨之机会。"面对当时国民党政府颁布的各种条文，以及企图"借机加强对教育领域的一党专制主义控制"❷，梅贻琦等校领导和教授委员会也顶住压力，维护了学校的独立与自由的风气。在这种包容的氛围下，思想自由地碰撞，出现了学术上的百家争鸣。罗庸和闻一多都研究《楚辞》，但观点相左，西南联大在编印文集时同时收录了两人的文章，因

---

❶ 1937 年抗战爆发后，北平、天津沦陷，战区不断扩大，为保存中国的高等教育，抱着"战时须作平时看"的指导思想，国民政府颁布《设立临时大学纲要计划草案》，在长沙、西安、福建三个地区设立临时大学，搬迁安置北平、天津及上海沦陷之后由那些地方撤退出来的国立大学。北京大学、清华大学和南开大学被迫南迁，在长沙组建了临时大学，1937 年 11 月 1 日在长沙韭菜园圣经书院正式开课。但随着战局的恶化，临时大学被迫再次迁至昆明，改名国立西南联合大学，于 1938 年 5 月 4 日正式开课。1946 年 5 月起，三校分别迁回原址复校。在 8 年多的时间里，西南联大培养了 8000 多名学生，其中本科毕业生 2522 人，研究生 65 人。新中国成立后，西南联大学生中有 90 人当选为中国科学院院士和中国工程院院士，涌现出了以杨振宁、李政道、黄昆、朱光亚、邓稼先等为代表的一大批杰出人才。

❷ 刘海峰，史静寰. 高等教育史［M］. 北京：高等教育出版社，2010.

为他们"各有卓见，发前人之未发"。学术自由其次体现为教和学的自由❶。雷海宗、吴晗、钱穆三位教授都开设《中国通史》，但没有统一的教学大纲，讲法各不相同，观点各异。西南联大大师云集，可是在选才上并没有要求每位教授都师出名门，而是不拘一格地唯才是举。数学大师华罗庚才初中毕业，文学大师沈从文小学未毕业，但他们都走上了西南联大的讲坛。

因此，笔者认为，思想自由是大学不可动摇的核心价值。思想自由，通常也称为思想自由权。现代英国历史学家伯里在其名著《思想自由史》一书中称：古希腊人之所以使我们永远铭感难忘，乃是因为他们最初发现了"思想自由"❷。"思想自由"作为一个概念的提出则始于17、18世纪资产阶级反对封建专制的革命。资产阶级思想家们对封建专制制度压制人民的思想自由的现象进行了猛烈的抨击，提出了以思想自由为一项主要内容的资产阶级人权口号。法国启蒙思想家孟德斯鸠在《论法的精神》一书中指出："要享受自由的话，就应该使每个人能够想什么就说什么；要保全自由的话，也应该使每个人能够想说什么就说什么。"❸联合国《公民权利和政治权利国际公约》第十八条第一款规定："人人有权享受思想、良心和宗教自由。"

> Freedom of thought (also called the freedom of conscience [disputed – discuss] or ideas) is the freedom of an individual to hold or consider a fact, viewpoint, or thought, independent of others' viewpoints. It is different from and not to be confused with the concept of freedom of speech or expression. In the Universal Declaration of Human Rights (UDHR), which is legally binding on member states of the International Covenant on Civil and Political Rights (ICCPR), freedom of thought is listed under Article 18: Everyone has the right to freedom of thought, conscience and religion;

---

❶ 黄欣. 西南联大课程设置的特点及启示 [J]. 江苏高教, 2003 (2)：78 – 80.
❷ [英] 伯里. 思想自由史 [M]. 宋桂煌，译. 长春：吉林人民出版社, 1999.
❸ [法] 孟德斯鸠. 论法的精神（下册）[M]. 张雁深，译. 北京：商务印书馆,
1963.

this right includes freedom to change his religion or belief, and freedom, either alone or in community with others and in public or private, to manifest his religion or belief in teaching, practice, worship and observance.

思想自由（也称为良心自由［有争议的讨论］或思想）是指个人独立于他人观点持有或思考事实、观点或思想的自由。它与言论或表达自由的概念不同，也不应与之混淆。在对《公民权利和政治权利国际公约》（ICCPR）成员国具有法律约束力的《世界人权宣言》（UDHR）中，思想自由列在第 18 条下：每个人都有思想、良心和宗教自由的权利；这一权利包括改变其宗教或信仰的自由，以及单独或与他人共同、公开或私下表明其宗教或信仰在教学、实践、崇拜和遵守方面的自由。

资料来源：https：//en.wikipedia.org/wiki/Freedom_of_thought。

关于思想自由的概念，学术界从不同的角度出发，有着各种不同的表述。《中国人权百科全书》认为思想自由是指，"进行思考，形成一定主张、意见和想法的权利；与信仰自由、表达自由、宗教自由、学术自由、出版自由等权利有密切的联系；思想自由强调个人内心活动的自主性，它是保证公民依照自己的世界观和思维能力进行独立思考和独立判断，做出各种自主性行为的基础。"思想自由"是一切自由的根源"❶。梁启超曾言及"思想自由，为凡百自由之母"。正因为有了人类思想的指引和提升，我们才有了今天的科学、艺术与文化成就。因此，自由地思想是人类文明发展最基本的动力。思想的自由是一切人类自由的起点，思想自由应当是自由的中心和灵魂。

---

❶ ［美］约翰·杜威. 人的问题［M］. 丘椿，付统先，译. 上海：上海人民出版社，1986.

笔者认为，思想自由具有以下重要的功能：一是力量之源。思想就如人们的灵魂，思想的足够自由，灵魂才会充满活力，人也才会精神抖擞；二是主动之源。现在很多大学生，不愿去思考，被动地去接受一些东西，在专业学习上一味地记忆，少有批判和质疑，课堂上也基本上是"老师讲老师的、学生干自己的"；三是创新之源。创新的前提就是打破套在你身上的各种"枷锁"（如图1-4所示），已知的、权威的、老师的，等等，试想如果没有想法的自由，哪来"大众创业、万众创新"？

图1-4　不要带着"枷锁"跳舞

注：图片来自百度。

在大学功能日益丰富之时，大学因何而生、为何而立却变得日益模糊。从李约瑟难题❶、哈佛学院院长哈瑞·刘易斯提出"失去灵魂的卓越"❷ 到钱学森之问❸、钱理群之忧❹，中外教育学者都通过不同方式提醒我们，大学功能越多样，越要坚守本位，越要回归本分。笔者认为，这个

---

❶ 李约瑟难题，由英国学者李约瑟（Joseph Needham, 1900—1995）提出，他在其编著的15卷《中国科学技术史》中正式提出此问题，其主题是："尽管中国古代对人类科技发展做出了很多重要贡献，但为什么科学和工业革命没有在近代的中国发生？"1976年，美国经济学家肯尼思·博尔丁称之为李约瑟难题。

❷《失去灵魂的卓越》一书的作者为前哈佛学院院长哈瑞·刘易斯，他在该书的序言中写道："简言之，大学已经忘记了更重要的教育学生的任务。作为知识的创造者和存储地，这些大学是成功的，但它们忘记了本科教育的基本任务是帮助十几岁的人成长为二十几岁的人，让他们了解自我、探索自己生活的远大目标，毕业时成为一个更加成熟的人。"

❸ 2005年，温家宝总理在看望钱学森的时候，钱学森感慨地说："这么多年培养的学生，还没有哪一个的学术成就，能够跟民国时期培养的大师相比。"钱学森又发问："为什么我们的学校总是培养不出杰出的人才？"

❹ 2014年8月6日上午，北京高校的一些人文学者相约聚会研讨了一些燕京学堂之外的问题，而大学文科、特别是北京大学人文学科今后的发展、所面临的困境，是大家关注的中心。著名鲁迅研究权威、北大教授钱理群问到"什么是大学，大学是干什么的？"

本位就是价值教育和思想自由，通过大学教育帮助学生去建立一套"质疑过去、解决问题、引领未来"的准则和能力。

质疑过去，是指要培养学生的批判思维，不能人云亦云，盲目地相信课本和教师，要对任何已有的专业知识进行质疑：原理是啥、背景是啥、家住在哪儿？解决问题，是指要做到知行合一，不能只学专业知识，不学如何运用专业知识和思维去解决专业问题。引领未来，是指任何大学生都要有"为国家和人民创造价值"的胸怀和格局，具体上讲就要在专业领域里做出自己的贡献。

英国创造力研究专家肯·罗宾逊（Ken Robinson）曾这样表述过，对个人来说，教育的目的是帮助人们学习周围世界并发现自己的内心世界。芬兰教育家帕斯·萨尔博格（Pasi Sahlberg）指出，教育应培养"创造者"而非"接受者"。创新者需要有独立的人格，而不是对权威唯命是从；他要有独立的思考能力和判断能力，而不是人云亦云；他要有平常心，而不是患得患失；他要有安全感，而不是战战兢兢，不敢越雷池一步；他是个安宁的、踏实的人，而不是心情浮躁、急于求成的人。

笔者认为，大学教育有三个基本使命。第一是教导学生学会好好生活，活出幸福的人生，即利自己；第二是教导学生学会和他人好好生活在一起，即利他人；第三是教导学生学会共同建设公正社会，即利社会（如图 1-5 所示）。

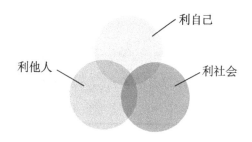

图 1-5 大学教学的使命

一味地利自己，大学培养出来的学生就是"精致的利己主义者"，他们会专营各种机会，但最终目的都是"全心全意为自己"。完全利他人和利社会，是泯灭人性和不现实的。合理的就是将三者结合起来，即在实现自我价值的同时为他人和社会也创造价值。

1.3.2 通识教育理论

19 世纪初"通识教育（General education）"一词就已被提出，但直到现在，对"通识教育"的内涵解释还可以说是众说纷纭。"General education"早期多译为"通才教育"，也有学者译为"普通教育""一般教育"。第一个把它与大学教育联系在一起的人是美国鲍德学院（Bowdoin College）的帕卡德（A. S. Packard）教授。他说："我们学院准备给青年一种通识教育（General education），一种古典的、文学的和科学的、尽可能综合的（comprehensive）教育，它是学生进行任何专业学习的准备，为学生提供所有知识分支的教学，使学生在致力于学习一种特殊的、专门的知识之前对知识的总体状况有一个综合的、全面的了解。"❶ 这是通识教育最初被赋予的含义。

1945 年，美国哈佛大学委员会首次将通识教育定义为"学生在整个教育过程中，首先作为人类的一个成员和一个公民所应接受的那部分教育；通识教育的目的在于培养有社会责任感的人和公民，专业教育在于培养学生具备从事一定职业的能力，两者有区别但不可分割或对立；责任感和公民意识的培养，是大学教育的核心问题。"❷ 对于通识教育的"通"，既非通通都识，亦非对知识总体状况的综合全面了解，更不能局限于多种能力和素养的培训，而在于了解各学科间相互依赖的关系，具备综揽各学科的整体视野。

《自由社会的通识教育》（即"哈佛红皮书"）报告由哈佛大学校长柯南特领导哈佛大学教授和校外学界知名人士共同完成，历时两年半（1943 年 1 月—1945 年 6 月）。该报告指出大学通识教育之目的在于培养"完整的人"，这种人需具备四种能力：一是有效思考的能力；二是能清晰地沟通思想的能力；三是能作切实明确判断的能力；四是能辨识普遍性价值的

---

❶ Pachard A S. The Substance of two reports of the faculty of amherst college to board of trustees [J]. North American Revive, 1829 (28)：300.

❷ The Harvard Committee. General Education in a free Society Report of the Harvard Committee, Cambridge [M]. Mass. Harvard Univ. Press, 1945.

认知能力。第二次世界大战结束后，通识教育更多地受到各种思潮和社会因素的影响而有所变化，这期间美国的通识教育几经波折，但是发展到今天，通识教育课程约占到美国大学课程的 1/3，其重要性不言而喻。

我国的"通识教育"一次是在 20 世纪 40 年代从英文"General education"翻译而成，是人人都必须接受的职业性和专业性以外的那部分教育。新中国成立后，我国学习苏联实行专才教育，逐渐将通识教育淡忘。如果从 1985 年原国家教委在华中科技大学召开"文化素质教育试点工作会"算起，通识教育进入我国高等教育领域的时间并不长。2005 年 11 月，复旦大学召开通识教育十周年学术研讨会，联合北京大学、清华大学和中山大学共同成立了"大学通识教育联盟"。2008 年 5 月，首届由复旦大学、北京大学、中国人民大学、南京大学、浙江大学联合发起的中国"大学通识教育论坛"在复旦大学举办。此次论坛旨在进一步推广通识教育理念，分享国内高校开展通识教育的实践经验，不断推动我国大学本科教育改革。我国正在推进"双一流"建设，培养一流人才是"双一流"建设的首要任务。实施全面发展教育，造就创新型、复合型和综合性的一流人才，是我国一流大学本科教育的根本使命。然而，长期以来，我国一流大学所实施的是一种片面发展教育，即片面的专业教育，更多地着眼于培养各学科专业领域的专门人才。2017 年 8 月 22 日上午，第三届大学通识教育联盟年会在北京大学举行。2017 年 10 月 21—22 日，西安欧亚学院主办了第一届应用型大学通识教育论坛。

目前，北京大学、清华大学、复旦大学、上海交通大学、浙江大学、武汉大学、中山大学、天津大学及大部分省属院校先后开展通识教育。同时，各高校开始组织编辑出版通识教育教材，如北京大学已出版"通识教育十五讲"，媒体也开始播出相关的节目如"名家讲堂"等，推动了通识教育的开展。加强通识教育是适应国家深化高等教育教学改革以及建设"双一流"大学一流本科教育的必然要求，也是大学提升人才培养质量的重要举措。

例如，成都电子科技大学于 2017 年发布了《电子科技大学本科人才培养方案全面修订指导意见》，明确进一步加强通识教育的整体规划与实施要求。目前，该校已建设由"文史哲学与文化传承""社会科学与行为科学""自然科学与数学""工程教育与实践创新""艺术鉴赏与审美体验""创新创业教育"六大模块构成的 60 余门课程。

1.3.3　互联网教育理论

2017 年 12 月 26 日，"人工智能与教育发展研讨会暨互联网教育智能技术及应用国家工程实验室技术委员会第一次会议"在北京师范大学召开，互联网教育智能技术及应用国家工程实验室主任、北京师范大学智慧学习研究院院长黄荣怀教授发布了《2017 互联网教育服务产业研究报告》。根据该报告，2017 年其规模将超过 1500 亿美元，中国已成为全球规模最大的互联网教育市场。

我国教育信息化起步于 20 世纪 90 年代，自 1994 年国家计算机与网络设施连入 Internet 国际专线以来，随着互联网的飞速发展与更新换代，教育服务得到了长足的发展。特别是在当今的"互联网＋"时代，云计算、大数据、移动计算、虚拟仿真、人工智能等新技术逐步得到广泛应用，为教育服务的发展带来了全新的技术环境。借助大数据、学习分析技术，可建立自适应学习环境，实现对学习者个性化的测评与辅导；借助机器学习和数据挖掘技术的人工智能教学系统可以与学习者进行实时对话，及时甄别学习者学习状态，提供个性化指导。技术推动着教育变革向着更加灵活、便利、高效以及个性化的方向发展。在国家"互联网＋"战略推动下，物联网、云计算、大数据、泛在网络、虚拟现实、人工智能等信息技术在教育中的广泛应用将为互联网教育带来难得的历史发展机遇。

互联网教育行业在中国能够快速崛起主要有两方面的原因。一是传统教育创新缓慢和消费者需求多元化的矛盾给互联网教育的发展提供了机会。知识更新周期的缩短使得传统在校阶段的学习已经不能适应互联网时代知识更新的速度，教育资源的配置不均使得发达地区和欠发达地区人群之间接受教育的机会差距越来越大，教育费用的不断攀升使得低收入人群接受教育的机会大大减少。二是国家的支持以及技术的进步为互联网教育的迅速发展提供了保障。

　　目前，我国制定了一系列的相关政策法规来促进和规范互联网教育。2012 年《教育信息化十年发展规划（2011—2020 年）》发布，首次全国教育信息化工作会议召开，教育信息类新公司大规模涌现。2017 年《国务院关于印发国家教育事业发展"十三五"规划的通知》明确提出鼓励社会力量进入教育领域，作为政府教育服务的重要补充，同时提出"积极发展'互联网＋教育'"。《教育部 2018 工作要点》提出启动教育信息化 2.0 行动计划。智慧教育创新、大教育资源共享、网络学习空间应用普及等举措加速落地推行，等等。

　　在互联网这个风口上，各式各样的教育教学资源不断涌现，如微课程、视频公开课、慕课、辅导资料、作业习题库、解题应用等，这些资源具有各自的优势和特点，对比传统教学方式都有各自的创新。其中，微课是目前非常常见的一种教育传播形式，它以阐释某一知识点为目标，以短小精悍的在线视频为表现形式，以学习或教学应用为目的的在线教学视频；慕课（Massive Open Online Course，MOOC），即大规模开放在线课程，是"互联网＋教育"的产物。MOOCS 肇始于美国，2012 年 Udacity、Coursera、Edx 三大在线课程提供商在美国相继成立，MOOCS 以"数字海啸"方式席卷世界各地。我国以清华大学、北京大学、复旦大学和上海交通大学为代表的优质高校相继与 Edx 等公司合作开建 MOOCS。

　　回顾几年来我国高校慕课的发展历程，在线教育经历了从"线下"到"线上"，再到"线上＋线下"混合式教育的发展演进。2015 年 5 月，我国第一个混合式教育学位项目——"数据科学与工程"专业硕士启动，有 64 所高校基于清华的慕课开展学分课程学习认证。同时，以清华、北大、复旦为代表的一批高水平院校主动与国外的慕课平台和联合国教科文组织签署协议，向"一带一路"沿线国家以更贴近当地受众的语言文化，推送我国高校的课程内容并筹备推出学分认证与学位项目。

　　最新发布的《2017 年中国互联网学习白皮书》显示，中国在线教育用户规模达 1.44 亿。从 2016 年到 2018 年，教育部连续出台政策，强调通过大数据采集与分析，将人工智能切实融入实际教学环境中。教育部于 2018 年 4 月 13 日印发了《教育信息化 2.0 行动计划》，积极推进"互联网＋教育"发展，促进信息技术和智能技术深度融入教育全过程，推动改进教学管理。在"教育信息化2.0"时代，中国教育信息化的进程已经从重视建设、应用的第一阶段进入了重视融合、创新的第二阶段。

1.4 变革思路

1.4.1 形成系统的素能体系

正如前文分析到，中国的很多大学实际上是在培养"饱读诗书"的知识传承者。为什么会出现这种情况呢？笔者认为，主要是以下三难困境。一是学生考研和就业的困境。大学生入校后前两年，主要是忙于基础课的学习，特别是英语的学习。中国大学的英语授课方式及成效一向饱受诟病，经粗略统计，大一、大二学生学习英语的时间不低于30%，可是在毕业论文写作中的专业文献翻译和与人进行交流时的英文表达，实在惨不忍睹。一旦进入大三下学期，好多同学就开始准备考研，实习、实验和专业课学习都放在了次要地位。二是教师教学和科研的两难困境。不管你怎么说"教学与科研相辅相成""教学与科研相互融合""没有高水平科研哪来高水平教学"等，都不要忘记以下事实：教师的精力是有限的，不做科研怎么评职称，高水平教学是需要投入巨大精力并且还是永无止境的，等等。三是教学管理上的两难困境。一方面，现在各种各样的评估和认证已经把老师拖入到填写各种表格和准备材料的具体事物中了，真正投入到教学提升的时间基本没有了；另一方面，很多教学上的管理措施，已经把很多大学变成"工厂"，老师只要讲对的知识就行，什么是对的呢？最安全的措施就是按教材讲。

根据前文分析，物流人才培养是分层次的，如图1-6所示。

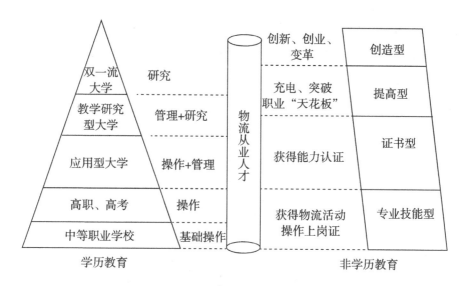

图 1-6 物流人才培养层次

对于大部分本科院校，其定位在于培养高级应用型人才。回到物流管理专业学生培养上，如何体现"应用型"和"高级"呢？笔者认为就是具有"高素能"的物流管理专业大学生。素能即素养和能力。综合各项研究成果、大量访谈和调研以及已有的教学实践，笔者认为物流管理专业大学生的"素能"主要体现在以下七个方面（如图 1-7 所示）：一是基本素质，包括认知、格局、思维、理念、核心价值观、商务礼仪、职业素养、为人处世等方面的素养；二是基础能力，包括沟通、写作、分析、谈判、演说、交际、共情、自我管理等方面的能力；三是专业知识学习能力，表现为能否在老师的指导下或利用互联网、新媒体等进行自主学习的能力，也表现为专业知识掌握的速度、深度和宽度，具体表现为快速学习能力、深度学习能力等能力；四是专业工具应用能力，即能够准确运用本专业所涉及的软件和方法，例如 ERP 软件、CRM 软件、FlexSim 软件、AutoMod、SCOR、ABC，等等；五是专业操作技能，物流管理中有很多实际操作的工作，比如装卸设备、上下架设备、包装设备、运输设备和信息采集设备，这些设备的操作和使用是物流从业人员必须具备的基本技能；六是专业思维，是指高效从事物流管理专业活动所应有的思维和研究能力，核心是以问题为导向的综合集成能力，表现为运用专业知识解决专业问题的效率和效果，其结果是专业解决方案和学术创新成果；七是专业创业能力，即运用专业知识和专业技能从事物流及其相关领域创业的能力。总体上，我们要培养的和企业正需要的正是具备上述七种"素能"的学生，即"2基础＋5专业"型物流管理专业大学生。

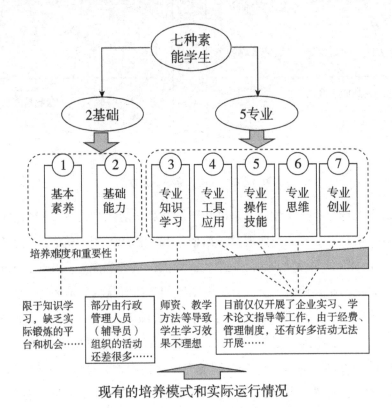

图1-7 打造具备七种"高素能"的物流管理应用型高级人才

1.4.2 构建三链合一培养路径

素能的形成是一个螺旋式上升和反复演进的过程。在案例教学方面，教学过程包括案例编写、案例预习、案例分析、案例研究等环节；在学术论文写作方面，教学过程包括选题、资料检索、资料阅读、创新性思维、数据分析、文字表达、图表制作、论文陈述、论文修改和发表等环节；在实习方面，教学过程包括实习单位确定、岗位分配、实习操作、实习体会、实习总结等环节。这些环节只有相互配合才能形成合力，例如在实习过程中，可以就实习发现的问题撰写论文和编写案例；在案例教学过程中，可以就发现的问题和疑问到企业实习过程中得到解答和询证；在学术论文写作过程中，可以就研究的成果寻找在企业中的结合点。

　　因此，体验式教学、研究式学习和全面实习（包括业务实习、校内学习、课程设计等）必须融合在一起，实现一体化培养过程，不能相互分开（如图 1 - 8 所示）。只有这样，才能打通"教""学""练"的紧密结合，"知行合一""教研合一"。

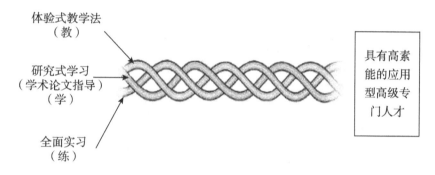

体验式教学法
（教）

研究式学习
（学术论文指导）
（学）

全面实习
（练）

具有高素能的应用型高级专门人才

图 1 - 8　三链合一培养路径

1.4.3　建设"教学—实验—创新—创业"一站式培养方式

　　物流业是一个正处于高速发展和深度变革的行业，可以明确地判断的是：今后我国物流业必将由劳动密集型和资本密集型转向技术密集型，基于人工智能、大数据、物联网的智慧物流和复杂的企业运营生态将彻底颠覆现有的物流人才培养理念和体系。可是到具体操作过程中，却没有就如何培养达成一致。不可否认，这与高等教学过程存在着的"教与学""教与管""学与管"的严重分割问题密不可分（如图 1 - 9 所示）。

　　整体上，这些分割问题主要体现在以下几个方面：一是学生不知道学习的专业知识，到底有没有用，需要培养哪些专业技能；二是教师苦口婆心劝学生多学，但是学生学习主动性差，不同专业课之间缺乏有效衔接和内在一致性；三是学生、辅导员和教师三者之间缺乏有效沟通，或者说缺乏沟通和协同机制；四是大部分实习在实际操作过程中是流于形式，没有和课堂教学有效地结合起来。

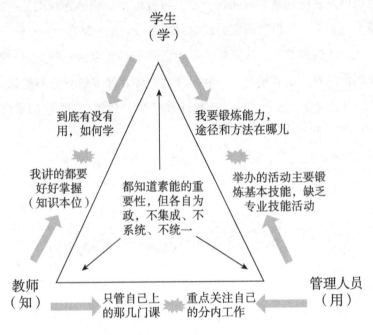

图 1-9　现行培养体系下的分割问题

　　因此，必须在教学机制上进行创新。有效的方式就是实行"教学—实验—创新—创业"一站式培养模式，即任何一门专业课程，必须开设实验课或者课程设计，围绕本门课程给学生提供学术研究和行业应用的前沿点和热点，进而形成学生创业和论文写作的选题。

1.4.4　打造 OMO 融合式智慧课堂

　　课堂教学经历了以下发展过程：从传统课堂黑板＋粉笔的场景，到电化课堂，再到自动化课堂，也就是课堂引入互联网自动化设备，再到今天的"互联网＋"、大数据下的智慧课堂。在传统课堂下，老师们的教研教学过程都是基于自身经验的，一些老师一个备课本可以用好几年，所以传统课堂是完全基于经验的教学预设。在移动互联网模式下，学生和老师可以实现随时随地沟通，再结合大数据技术的分析及应用，使得基于数据的精准教学成为可能，真正意义上实现先学后教、以学定教！传统的交互，大部分是教师点名、学生"在黑板前答问"的模式，或者老师走下讲台进行分组讨论，这些方式以教师为中心强调知识的传授，缺少立体化的互动。而现在通过移动终端等智能设备和互联网的应用，就可以实现全方位、立体式的交互，实现师生交互、生生交互！真正实现课前课中课后、课内课外、线上线下等全场景立体交互。同时，交互的内容也会发生一些改变，除了传统的一些内容外增加了微课，同时也跨越了时间和地点。

笔者认为，在互联网、大数据、人工智能等新技术推动下，我们的课堂教学将迎来一个"大融合"时代——素材大融合、技术大融合、情境大融合、方法大融合等。这种融合就是 OMO 式融合。OMO 即 Online‒Merge‒Offline，是线上线下的全面整合，线上线下的边界消失。未来学校的课堂被赋予了智慧化的内涵，它是"互联网 +"时代智能化的技术系统与先进教学理念深度融合的产物，代表了未来学校课堂的发展与变革的方向。我们处在一个时代的分水岭，"互联网 +"、大数据、物联网、VR/AR、5G、人工智能等新技术的出现和应用，使智慧课堂、学生中心为代表的课堂变革得以实现。要做到知识教学、素质培养、能力锤炼的融合，必须打造立体化、智能化、个性化融合式智慧课堂。

1.5　方案设计

1.5.1　整体培养架构

培养具备高素能物流管理人才是西安科技大学管理学院物流管理专业在大量调研的基础上，紧扣物流转型发展方向，综合最新教学研究成果的基础上提出来的。西安科技大学管理学院从 2001 年开始招收、培养物流管理的高职专科学生，多年来，积累了丰富的培养经验、办学经验。2013 年7 月西安科技大学向陕西省教育厅、教育部提交物流管理专业"普通高等学校本科专业设置申请表"，专业代码"120601"，所属学科门类及专业类

"管理学—物流管理与工程",学位授予门类"管理学",修业年限"四年";经陕西省教育厅审批,并报国家教育部批准备案,2014年4月16日,陕西省教育厅下发了《关于公布我省本科(2013年度)和高职高专(2014年度)专业设置结果的通知》(陕教高〔2014〕3号),公布了《教育部关于公布2013年度普通高等学校本科专业备案或审批结果的通知》(教高〔2014〕1号)。西安科技大学物流管理本科专业正式成立,并于2014年9月开始正式招生。

从2014年以来,物流管理专业教师积极推进"高素能培养体系",具体包括以下内容。一是一流水平的教师队伍建设。成立了五个研究中心,即现代能源物流与大数据研究中心、现代物流园区研究中心、交通运输与港口物流研究中心、物流质量与安全研究中心、智能制造与智慧物流研究中心。每名本科生从大二开始自由进入1~2个研究中心,在中心教师的指导下从事学术研究,研究任务由中心教师根据实际情况和学生兴趣确定。二是一流水平的教学体系建设。在系统梳理专业课程知识点的基础上,打造了一套标准教案体系,明确每门课应该讲什么知识点和教学内容体系。三是一流水平的学生培养平台建设。①规定每名本科生从大一开始选定学术指导教师,两年后可以根据学术导师的研究方向重新选定学术导师,每年开展一周的本科生学术报告活动,展示本科生的学术研究成果。②"双进入"活动,即企业管理人员进校园和教师科研成果进课堂,每两个月请企业管理人员来临潼为物流管理专业学生做一次学术报告,每位老师一年至少为本科生做一次学术报告。③学生进入企业实习,大三学生在第二学期从第九周到第二十四周到企业实习。④开展了学术论文周活动,已有多名同学做了学术报告。

上述活动实施四年以来,深受学生好评和喜欢,执行效果非常突出。综合前文的分析,构建起了基于素能的培养架构,即西安科技大学物流管理专业"面向素能的物流管理专业建设体系",如图1-10所示。

第一,抓住"高水平教师队伍建设"这个发动机。没有高水平教师哪来社会影响力?没有高水平教师哪来高水平教学质量?没有高水平教师哪来高水平学生?所以高水平师资队伍建设是所有工作的起点,主要包括以

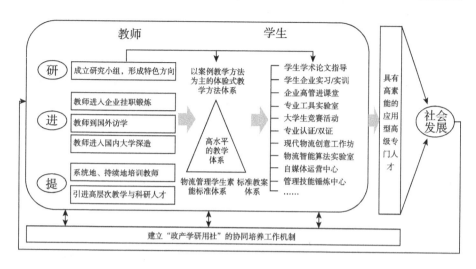

图 1－10　"高素能"人才培养整体架构

组建物流研究组的方式来激活教师队伍的研究潜能，形成"重学术、勤钻研、学先进"的学术氛围，用氛围来熏陶学生、用研究来推动学习、用成就来激励上进，通过"请进来"和"走出去"的方式提高教师水平。

第二，全力打造和运用"素能—教案—教法"高度融合和一体化的高水平教学体系，化教师专业知识为"战斗力"，把素能体系完全嵌入到教学体系中，每部分教学充分运用以案例教学为主体的立体化教学方法，定期调整素能体系、知识体系、工具方法体系，动态更新和共享教学资源库，积极引进最新教学方法。教是基础，学是关键。

第三，以学生学术论文指导、学生企业实习、企业进课堂等具体措施最大化学生的学习兴趣，这些具体措施齐头并进，通过"研究组—学术指导"做到"你中有我、我中有你"，即每一个教师要全面融入这些具体措施之中。

第四，构建起教师—学生—辅导员协同工作机制，确保各项工作的顺利开展。一切改革要用成果来激励和推动，面向素能的物流管理专业建设体系的直接成果就是培养出一批批具有高素能的应用型高级专门人才，间接成果就是高就业率。整个改革体系要实现"高水平师资队伍—高水平教学体系—高水平素能锻炼平台—高水平的管理体制—高水平人才—高就业率"的链式循环发展模式。

1.5.2 具体行动方案

本书后续章节，涉及的具体培养方案都以西安科技大学物流管理系的实践为例来加以佐证。综合已有实践，笔者形成了系统的行动方案，如图1-11所示。

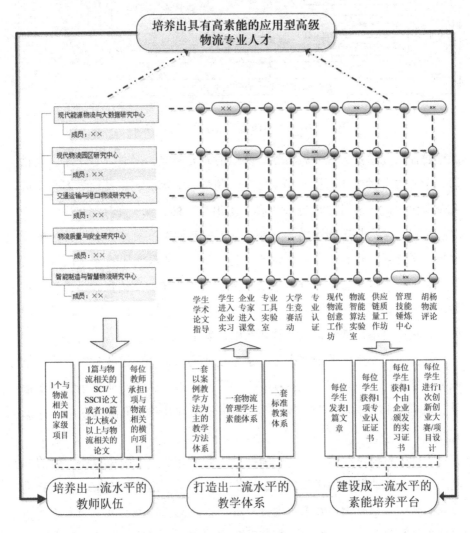

图1-11 行动方案

　　总之，建设一流水平的教师队伍是本专业改革和发展的前提条件，是"发动机"，围绕五个方向聚焦优势资源，通过各种措施强力提升学术研究水平；打造一流水平的教学体系是本专业改革和发展的关键，是"燃料"；培养一批批具有高素能的物流管理专业毕业生是我们的最终目标，是我们的"客户"；一流水平的素能培养平台是确保我们目标实现的强有力措施，是"操控台"。素能培养平台直接面对的是学生的素能，培养的质量和水平直接取决于教师的水平和教学过程，它们的内在联系如图 1–12 所示。

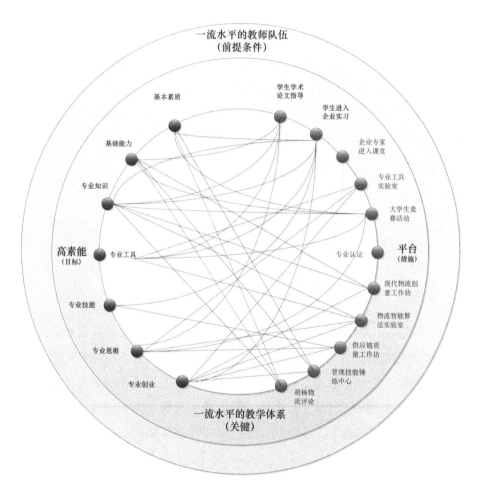

图 1–12　教师队伍、教学体系、学生素能和平台的内在联系

第2章 素能体系

受"知识就是财富""知识就是力量"的影响，大部分教师仍习惯性地以"知识目标导向"进行课堂教学。学生被看成是一个接受知识的容器，教师则成为知识的传授者，"满堂灌""一言堂"成为课堂的基本形式。国外学者曾调查过 1000 名包括发明家、科学家、企业家、创新者在内的事业上的成功者，调查发现：取得成功有多种因素，但最重要的因素是能力因素。可以这样说，没有能力，就没有成功。不改知识导向为能力导向，就只能"穿新鞋走老路"。

2.1 认知、意识与行为

2.1.1 认知与认知能力

认知是一个很广泛的概念。在心理学上，认知是指人们获得知识或应用知识的过程，或信息加工的过程，这是人的最基本的心理过程。它包括感觉、知觉、记忆、思维、想象和语言等。人脑接受外界输入的信息，经过头脑的加工处理，转换成内在的心理活动，进而支配人的行为，这个过程就是信息加工的过程，也就是认知过程。围绕认知，心理学形成了一个分支——认知心理学（cognitive psychology）❶。与认知相关的概念主要有认

---

❶ 认知心理学是 20 世纪 50 年代中期在西方兴起的一种心理学思潮和研究方向。广义指研究人类的高级心理过程，主要是认识过程，如注意、知觉、表象、记忆、创造性、问题解决、言语和思维等。狭义认知心理学相当于当代的信息加工心理学。

知能力和认知风格。认知风格是指个人所偏爱使用的信息加工方式，也叫认知方式。例如，有人与别人讨论问题，喜欢从别人那里得到启发；有人则喜欢自己独立思考。认知能力是指人脑加工、存储和提取信息的能力，即我们一般所讲的智力，如观察力、记忆力、想象力等。

在社会学上，认知主要分为两个层面——自我认知和社会认知。个人认知，也叫自我认知或自我意识，或叫自我，是个体对自己存在的觉察，包括对自己的行为和心理状态的认知。自我认知（self - cognition）是对自己的洞察和理解，包括自我观察和自我评价。自我观察是指对自己的感知、思维和意向等方面的觉察；自我评价是指对自己的想法、期望、行为及人格特征的判断与评估，这是自我调节的重要条件。如果一个人不能正确地认识自我，看不到自我的优点，觉得处处不如别人，就会产生自卑，丧失信心，做事畏缩不前……相反，如果一个人过高地估计自己，也会骄傲自大、盲目乐观，导致工作的失误。因此，恰当地认识自我，实事求是地评价自己，是自我调节和人格完善的重要前提。社会认知（social cognition）是个体如何理解与思考他人或事物，根据环境中的社会信息形成对他人或事物的推论。

在日常生活中，我们常常提及"认知出了问题"，主要是指感觉、思考和评价自我和社会的过程出现了偏差、障碍、局限等现象。"认知上的问题"可能是很多问题背后的深层次问题。网络上曾经流行一个帖子——《婆媳关系好坏取决于老公》，其大部分内容还是可取的，但有些观点笔者难以苟同，如"请好好孝敬自己父母，别将自己对父母的孝敬义务转嫁到老婆身上""将做好人的机会让给老婆，将做恶人的机会留给自己"等。该帖子发表后，女人自然站在女人的角度摇旗呐喊；男人也会站在男人的角度叫屈喊冤。很多女孩常说，我就是我，你父母是你父母，我有工作有收入，凭什么要我去孝敬你的父母。这实际上是一种直线思维，本身没有错。但是，如果换个角度看，如果主动搞好关系，给对方面子和台阶，可能结果就不一样了。笔者有个表嫂，每年过年回老家，不嫌脏不嫌累，过年过节抢着干活，进进出出、忙里忙外，让人很感动，别人说得对，就笑笑，说得不对也笑笑。所有家人，一提她，没有一个说"孬"。她用她的善良、顾全大局和开朗为自己赢得了尊重。笔者父亲有个同事，做事比较直和不留情面，上下级关系搞得比较僵，他爱人就在私下和老师们唠家常和多沟通，帮这帮那，真诚待人，和老师们打成一片，很大程度上弥补了这个同事的不足。夫妻两人在学校配合得很好，学校的各项工作也开展得相当顺利。

这些问题，抛开人的本性问题，问题的关键还在于认知层面，"善恶一念间""换个角度看问题"就是指的这个问题。认知水平高了，很多问题就迎刃而解，这也是我们常说的"情商"。值得注意的是，认知可以看成是认识，但不等同于知识。认知是过程和方式，知识❶是认知的结果，知识是经验的升华。知识学习是提升认知的核心途径，见多方能识广。认知上的差异会直接导致知识的不同。例如，古代有两小儿辩日：一个认为太阳早晨体型大，到中午体型缩小，是早上距离人近，中午距离人远；另一个认为大阳在早晨冷幽，中午炙热，所以午间离人近。知识（信息）获取的广度和深度决定最终的认知水平，这一点后文将会进一步加以分析。

认知能力（cognitive abilities）是指发现、分析、评价自我和社会的能力，亦即人们对事物的构成、性能、与他物的关系、发展的动力、发展方向，以及基本规律的把握能力。美国心理学家加涅（R. M. Gagne）提出 5 种认知能力：言语信息（回答世界是什么的问题的能力）；智慧技能（回答为什么和怎么办问题的能力）；认知策略（有意识地调节与监控自己的认知加工过程的能力）；态度（情绪和情感的反应，形成学习者的态度，使学习者形成影响行为选择的内部状态或倾向）；动作技能（有组织、协调统一的肌肉动作构成的活动）。认知能力是人们成功地完成活动最重要的心理条件。

美国女博士米凯尔曾调查过 1000 名包括发明家、科学家、企业家、创新者在内的事业上的成功者，发现他们至少有十二项共同特征：①热爱自己的工作；②有积极的生活态度，充满自信心，他们从未想过自己不会成功；③能从不愉快的经历中发现自己的实力；④有决断力和自制力，他们

---

❶ 知识是人类从各个途径获得的经过提升总结与凝练的系统的认识。科学知识还得满足三个条件：客观存在、可验证和共性。

清楚地了解自己的人生目标，并选择最佳方式去追求目标；⑤正直诚实，愿意帮助他人成功；⑥坚持不懈，直到成功；⑦有冒险精神，失败后能很快振作起来；⑧善于与人沟通，遇到问题能主动听取别人的意见；⑨能团结人，会用人；⑩身体健康，精力充沛，懂得合理安排与利用时间；⑪不以自己的成功而傲视一切，他们在获得成功时会说，是因为抓住了机遇；⑫有目标感，并希望对社会做出自己的贡献。从上述对成功者共同点的调查中可见，取得成功有多种因素，但最重要的因素是能力因素。获取成功的能力构成主要包括认知能力和实践能力。认知能力是指在取得成功过程中所需要的最基本的心理条件，笔者认为认知能力可以用下面的公式表示：

认知能力 = 格局力 × 注意力 × 观察力 × 记忆力 × 想象力 × 思维力 × 学习力 × 质疑力

其中，格局力决定你看待事物的立场和视角，这是最重要的，立场和视角不同，认知的结果迥异；注意力能提高人的认知水平，对事物的认识更清晰、完整、深刻，使各种实践活动顺利进行；观察力能通过观察、感觉和知觉，使自己同外部世界联系起来，从而认识客观世界；凭借记忆力，人们才能持续储存与提取知识，发挥才智，不断创新；思维力能把现有知识，经过分析和综合、判断和推理等思维活动做出新结论；人们常说，机遇从来只给有准备的人，其"准备"最主要是指知识的积累和准备，那就需要学习力；认知能力还体现在对事物的质疑，有质疑才能实现认知的提升。

认知能力不但是人们成功地完成活动最重要的心理条件，也是经营管理者取得成功的关键能力。弗洛伊德在《梦的解析》中，讲过一个小故事：一个女孩在父亲的葬礼上遇到一位很帅的男士，女孩彻底迷上了男士，整日朝思暮想，期待与男神再次邂逅；不久后，她姐姐遇害了，凶手正是女孩。一般人很难理解，想见帅哥为什么要杀害自己的姐姐呢？因为女孩第一次遇见帅哥，就是在一次葬礼上。所以，她认为只有再制造一场葬礼，男神才会出现。在女孩的认知里，帅哥与葬礼存在必然联系。很多经营管理者失败的原因在于认知上出现了偏差，导致了决策失误。

2.1.2　意识与思维

人有时认知能力很高，但就某一具体事物的时候，往往会有"我咋没有那样想""我的想法出了问题""我压根就没有想到"等，这就是意识方面的问题了。意识（consciousness），人们可能很快联系到一个词"潜意识"。无意识是不用大脑思考就对外界做出反应的应对系统。用一个比喻来直观的理解显意识、无意识和潜意识三者之间的关系：大海中的一块浮冰，浮冰露出水面的部分就是显意识，而水下面起支撑作用的（水下面的冰）就是无意识，它们的正确比例应该是显意识占无意识的 10% 左右，而支撑整个冰块漂浮的大海就是潜意识，潜意识的储存量堪比大海。但托起显意识的还是显意识下面埋没于潜意识海的无意识部分，我们的意识是从无意识中升起来的。

常说的"你怎么就没有这个意识""意识差""意识到了"等等，意识主要对事物的感觉和判断，是否想到了某点。在意识的基础上，就可以形成更具体的理念。例如，在蒙古国首都乌兰巴托举行的第十一届亚欧首脑会议上，国务院总理李克强面向 50 多个国家和国际组织的领导人以及 4000 多名代表，提出在新形势下各方应"树立命运共同体意识""强化责任共担意识""深化团结协作意识"。这些意识促进亚欧合作理念的形成。又如，如果有质量意识，即主观上追求服务质量更好或工作质量更好，就会形成很多具体的质量管理理念，包括你的下一道工序就是你的市场，下一道工序是用户，质量是免费的，质量重在预防，品质改善无止境，等等。

举个简单例子来说明认知和意识的关系。同样的同学关系问题，如果你仅仅是站在一起学习的人的角度，你的认知就是同学关系没有什么价值，在这种认知下，你就没有发展和维护同学关系的意识；如果你站在人生和事业发展的角度，你的认知就是同学关系是非常重要的，在这种认知下，你就会有各种搞好同学关系的意识。有了搞好同学关系的意识，就可以形成各种具体的理念，例如真诚理念、包容理念、互助理念，等等，在具体理念下，就会采取相应的行动。可以用图 2-1 来揭示认知、意识和理念的关系。

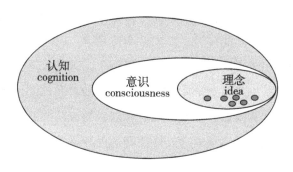

图 2-1　认知、意识与理念

试想，没有对人类社会发展趋势的高度认知，也就不可能形成"命运共同体意识"，没有"命运共同体意识"，也就自然没有共同发展理念。在认知、意识与理念形成过程中，思维（Thinking）起到非常重要的作用。思维是指通过其他媒介作用认识客观事物，以及借助于已有的知识和经验、用已知的条件去推测未知的事物。思维过程包括分析与综合、比较与分类和抽象与概括等过程。认知过程包括思维过程，思维是提高认知水平的重要内在途径。

2.1.3　动机与行为

作为名词，动机（motivation）是由一种目标或对象所引导、激发和维持的个体活动的内在心理过程或内部动力，是人类大部分行为的基础。作为动词，动机则多称作"激励"。在组织行为学中，动机主要是指激发人的行为的心理过程。通过激发和鼓励，使人们产生一种内在驱动力，使之朝着所期望的目标前进的过程。

动机是驱使人从事各种活动的原因。有外部动机和内部动机之分。外部动机指的是个体在外界的要求或压力的作用下所产生的动机，内部动机则是指由个体的内在需要所引起的动机。马斯洛的动机研究主要集中在内部动机即由基本需要引起的动机上。马斯洛之前，动机问题已成为心理学研究的一个重要领域。自达尔文生物进化论提出后，心理学家如詹姆斯、麦独孤、弗洛伊德等试图以本能论来阐释人类行为的动机，为动机心理学领域积累了不少事实材料和研究成果。

动机与行为的关系比较复杂：同一行为可能有不同的动机；相似或相同的动机可能引起不同的行为；在同一个体身上，行为动机也可能多种多样。尽管影响管理者成功的因素很多，但是"管理动机"是最重要的前因变量之一，无论是用来评价个体对管理者角色的自我认知，还是用来评价管理者职业化程度的高低，管理动机对管理者的成功和管理人才的选拔都有重要意义，它能较好地预测高分特征和低分特征的女性管理者今后在组织中的管理成功与否❶。

尽管还没有实证研究支持管理者的行为与其管理绩效存在高度相关关系，但是来自企业实践的经验表明，管理者拥有以下行为习惯将会提高管理者的绩效。史蒂芬·柯维❷（Stephen Richards Covey）在其代表作《高效能人士的七个习惯》中提出了七个习惯，分别是主动积极、以终为始、要事第一、双赢思维、知彼解己、统合综效和不断更新。积极主动——以"个人愿景"为主的原则，在积极主动的人的价值观里，尽管也会有不满和愤怒，但他们没有抱怨，这源于他们以自己的视角由内而外地看待世界，始终遵循着自觉、良知、发挥想象力和自主意志的个性，选择创造自己的人生；以终为始——以"自我领导"为主的原则，强调的是在行动之前，首先要认清方向❸；要事第一——以"自我管理"为主的原则，个人与组织都要把聚焦放在要事之上，次要的事不必摆在第一，要事也不能放在第二位；双赢思维——以"人际领导"为主的原则，柯维分析道，在人际交往哲学中有六种交往模式：利人利己（双赢）、两败俱伤（输/输）、

---

❶ 张丽华，陈许亚. 女性管理者的管理动机及管理成功的追踪研究［J］. 甘肃社会科学，2009（2）：36－39.

❷ 史蒂芬·柯维（1932—2012年），著名的管理学大师。曾被美国《时代周刊》誉为"思想巨匠"或"人类潜能的导师"，并入选影响美国历史进程的25位人物之一。柯维的代表作《高效能人士的七个习惯》自出书以来，高居美国畅销书排行榜长达七年，在全球以32种语言发行共超过一亿册。2002年，《福布斯》将其评为有史以来最具影响力的十大管理类书籍之一。2003年4月，其俄文版在莫斯科上市，时任总统普京对媒体发表感慨说："俄罗斯应该出现这样伟大的思想家"，普京建议俄罗斯公民阅读这本书。

❸ 在《写给儿子的38封信》里面，洛克菲勒就曾语重心长地告诫他的儿子："要时刻记住你的目的，看清你现在的处境，合理分配好你所能利用的资源"。

损人利己（赢/输）、独善其身（赢）、舍己为人（输/赢）、好聚好散（无交易）。而只有利人利己的模式可以把利益实现最大化，并且能够产生持续性的合作与惠顾；知彼解己——以"移情沟通"为主的原则，首先去了解对方，然后再争取让对方了解自己；统合综效——以"创造性合作"为主的原则，如果一位具有相当聪明才智的人跟我意见不合，那么对方的主张必定有我尚未体会的奥妙，值得加以了解；不断更新——以"平衡的自我提升"为主的原则，很多时候，工作本身并不能带来经济上的安全感，而只有具备了良好的思考、学习、创造与适应的能力和习惯，才能使你立于不败之地。

2.2 案例分析

2.2.1 学生业务实习案例

随着我国市场经济的快速发展，物流管理人才市场急需一批专业化管理应用型人才，这就要求我国高校担负起物流管理专业技能型人才培养任务和责任。作为高校不但要加强物流管理专业教育教学改革与创新，还要全面提升教学质量和教学水平，培养出来的物流管理人才不但要具备扎实的专业知识，还要具有较强的实践能力和职业素养。

物流业是服务行业，追求的是客户的满意度。物流中任何一个环节出了问题，都会影响到物流服务质量。物流管理专业属于应用管理学科，与物流产业对接紧密。相比有些专业，物流管理专业对学生的创新实践能力要求更高。一个合格的物流管理人才，需具备的基本素质不仅包括全面扎实的专业知识以及充分利用设备、技术和人力等企业内部资源来满足客户需求的能力，而且要爱岗敬业、诚信守时、尽职尽责，具有比较熟练的表达能力、沟通技能和应变能力，进而为企业创造价值。

正如笔者在第 1 章的分析，现在很多高校物流管理教学仍然沿用传统教学模式，以教师讲、学生听为主，教学内容多且杂，与物流管理工作实际联系不够紧密。而且大部分教材的内容理论性较强，缺乏真实生动的案例和项目任务的设计，相对于实际工作需要也比较滞后，学生在学习的过程中只知理论方法却不能加以灵活运用。物流管理专业具有很强的实践性，如果不进行实践训练，学生学习的结果只能是"纸上谈兵"。

2008年，教育部高等学校物流类专业教学指导委员会制定了《关于物流管理本科专业培养方案的指导意见（试行）》和《关于物流工程本科专业培养方案的指导意见（试行）》。物流管理专业课还包括实践教学课程、实践环节或实践性教学活动，如认识实习、专业实习、社会实践、毕业论文（毕业设计）、物流管理综合模拟、物流管理课程设计、供应链管理系统、ERP系统模拟实验、大学生物流设计大赛等；物流工程专业课还包括实践教学课程、实践环节或实践性教学活动，如金属工艺实习、专业实习、社会实践、毕业论文（设计）、物流信息技术课程设计、物流系统综合模拟与优化、大学生物流设计大赛等。

在专业实习环节，学生能够更好地将基础理论知识同实践工作相结合，明确自身的不足，不断进行完善。这样不仅有助于学生更好地适应工作环境，还能达到提高职业能力的目的，大大提高毕业生的就业率。

西安科技大学管理学院物流管理系全体教师深刻认识到了专业实习环节具有以下三个作用。一是对企业而言，通过校企合作顶岗实习，相当于提前预订了优秀学生，也变相节省了培训新人的经费；顶岗实习学生已经接受了专业知识学习，素能水平相对较高，也使企业获得了可持续发展能力。二是对学校而言，可以明确以企业需求为人才培养重点，构建符合市场需求的课程体系，也能成功解决拥有丰富实践经验的教师缺乏、实习基地不足等问题，助力学校为社会提供更多高素能人才，提升学校知名度和认可度。三是对学生而言，综合素能得以大幅提升，实现毕业后的无障碍上岗，能为将来职业发展奠定良好基础。

为此，西安科技大学管理学院物流管理专业建立了专业实习的正确认知，及时对2014版物流管理专业培养方案进行调整，果断实施"40＋2"人才培养模式，即学生从第六学期第八周开始连续进行为期16周的专业实习，把大学期间的第三个暑假充分利用起来，相当于延长了两个月的学时。

　　在实习理念方面，确立了找差距、求知识、真本事、知企业、懂感恩、树品牌的实习理念，其中找差距就是通过在物流企业长时间地深度体验和实践，了解物流企业各项业务的具体生产运营过程，找出自身在知识和能力等方面存在的差异。

　　在实习整个过程中，实行"问题—实训—研究—创新"一体化模式（如图 2-2 所示），要求学生带着问题去、发现新问题、解决问题、找准自己的定位、体现出自己的价值。

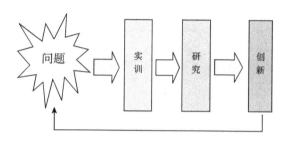

图 2-2　物流管理系企业实习过程

　　在 2017 年的西安科技大学物流管理专业学生的企业实习中，实训教学、案例分析和专题研究的具体内容见表 2-1。

表 2-1　实训教学、案例分析和专题研究

周次	内容	方法	实训教学	案例分析	专题研究
第 1 周	根据企业实际情况进行安排	问题解决方法 创新方法 论文写作方法	实习动员		
第 2 周			企业培训、熟悉实训岗位工作		
第 3 周					
第 4 周			模块一　物流组织与人员实训	国美的采购模式 VS 沃尔玛的采购模式	汽车零部件和整车物流运作模式
第 5 周			模块二　运输作业实训	SAS 货运公司联盟制胜	汽车物流包装
第 6 周			模块三　仓储作业实训	青岛啤酒的仓储管理	汽车行业第三方物流

周次	内容	方法	实训教学	案例分析	专题研究
第7周	根据企业实际情况进行安排	问题解决方法 创新方法 论文写作方法	模块四　物流功能属性实训	矿泉水的新市场——定制标签产品	汽车行业供应链管理
第8周			模块五　配送作业实训	上海联华生鲜食品加工配送中心	汽车制造物流运作管理
第9周			模块六　包装、流通加工、装卸作业实训	百胜物流降低连锁餐饮企业运输成本之道	汽车制造物流管理方法
第10周			模块七　运输管理实训	ABC公司利用流程再造控制成本	汽车制造物流关键绩效评价
第11周			模块八　物流信息系统实训	UPS以现代物流信息技术提升核心竞争力	汽车制造物流一体化管理与实践
第12周			模块九　采购物流实训	高露洁借助信息管理好上加好	汽车产业与物流业发展与展望
第13周			模块十　生产物流实训	联想集团的物流效率	整车物流（出厂物流）
第14周			模块十一　回收与废弃物流实训	海尔个性化服务的电子商务运作	汽车备件物流管理
第15周			模块十二　供应链管理实训	生产企业物流的合作伙伴——大连盛川物流有限公司	汽车制造业供应链绩效管理
第16周			撰写实习总结报告		

为了确保专业实习质量，规定了以下保障措施，如图2-3所示。

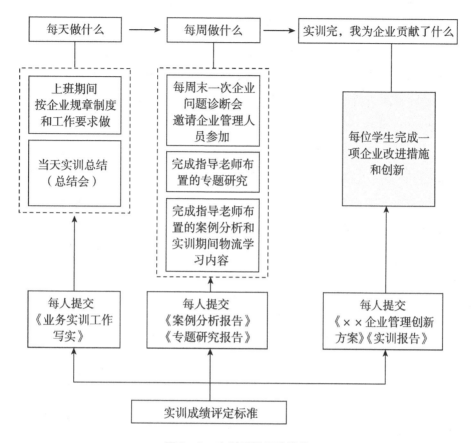

图 2-3　实训质量保障措施

经过这次专业实习，物流管理系 2014 级学生取得了以下三个方面的成效。一是学生的综合能力得到了大幅度提高，好多学生实习前和实习后好像换了一个人似的，整体感觉就是懂事和成熟了。通过校企合作顶岗实习，不仅检验了学生在校期间的理论和技能掌握的水平，也培养了学生在真实企业环境中解决实际问题的能力。二是提高了就业质量，就业率达到了 96%，学生在进入这一类型企业实习以后，开阔了自己在专业认知上的视野。通过亲身体验，感知到了专业的魅力，提高了职业认可度，也进一步坚定了他们在与专业相关岗位就业的选择。三是找到了学术论文写作方向，结合专业实习，大部分同学撰写了学术论文，并在 2017 年 9 月的"学术论文周"上进行了陈述。

但是在整个实习过程中，学生对实习的认知并不是和老师的认知同步的，总体上经历"兴奋—失落—适应—主动"的过程。实习刚开始，大部分学生抱着"体验企业、我是大学生"的憧憬，高兴地去企业。可是到企业没有几天后，就感觉理想和实习存在着巨大的差异，认知上的冲突导致了一些同学出现以下种种行为：想离开、消极对待、企业怎么能这样对待大学生呢，等等。面对这种情况，全体教师并没有正面斥责学生，而是采取了"学生有什么问题老师就来解决问题"的方法，站在学生的角度去考虑问题。经过一个月后，学生在实践中慢慢校正了自己的认知，端正了自己的位置，放下了大学生架子，开始尝试跟企业已有员工积极沟通。认知上的转变直接反映在学生的意识上，学生有了主动发现问题的意识，有了从企业实际出发的意识。例如，在一家物流企业实习后，学生就给企业提出了以下合理化建议，见表2-2。

表2-2　专业实习过程中提出的改进措施

一、企业管理改进建议
①存在库区离职率高及库区人员消极怠工的现象，主要原因在于员工投入与回报偏差较大，薪酬达不到激励效果，薪酬的外部竞争力差，建议提高整体待遇水平20%
②存在绩效薪酬所占比例过低现象，主要原因在于薪酬设计时薪酬结构不合理，建议提高绩效薪酬比例
③存在绩效考核流于形式的现象，例如没有专人考核，只靠班组负责人考核，原因在于考核项目过于烦琐，没有充足的时间进行考核，到月底时班组负责人根据个人掌握情况给出整体评价，建议加强考核意识、责任意识和绩效考核本身的培训
④存在由于工作时间长且劳动强度大导致员工工作情绪低的现象，例如库区轮胎区劳动强度大和离职率高，经常从其他班组临时抽调人手，导致其他班组严重不满，原因在于业务量大而员工数量少，建议劳动强度与薪酬直接挂钩
⑤存在业务流程和工作标准缺失的现象，例如标准件发货流程经常变动，原因在于没有对公司整个业务进行系统分析和流程规划，建议进行业务流程再造和工作标准设计
⑥存在拣货和补货不及时、混乱的现象，例如货位信息变更未及时更新，原因在于库管责任意识不强，导致效率低下，建议及时对接 WMS 系统，合理规划货物储位
⑦存在员工没有归属感，工作氛围差的现象，例如库区各班组之间不能流畅配合，普遍感觉没有奔头，仅仅是为了挣一份工资，原因在于个别班组（RDC3）管理方式粗放，沟通效果差，建议提升中层和基层管理者管理能力、提高沟通效率和效果、加强班组管理培训、提升班组的集体荣誉感和加强企业文化建设

二、关于实习生管理的建议
①合理安排实习生的工作量，做到均衡化（同一学生不同阶段和时间）和公平化（不同学生之间），给学生讨论、思考、研究留一定的时间
②在实习开始之前对实习生的实习内容做系统设计，将企业的需求与学生的需求相结合，以目标为导向，使内容有层次、循序渐进，从简单业务操作到管理实务，不能一直从事简单的业务操作，充分发挥学生在管理改进、物流系统优化和创新方面的优势，甚至可以直接给学生布置研究课题，让学生在老师和企业的指导下攻坚克难，真正实现双方利益最大化
③定期与实习生进行交流，特别是企业中高层一定要抽出时间与学生交流，要把企业的需求直接告诉学生；定期举行业务培训，增强学生的业务能力；最为关键的一点是要让学生融入企业文化和业务操作之中，要让学生成为企业免费的"宣传员"，要让企业成为学生职业生涯的"领航者"

实习结束后，企业非常满意学生的实习表现。当离开企业时，一些同学还掉了眼泪。

2.2.2　ERP 项目失败案例

北京市三露厂在 1998 年 3 月 20 日与联想集成（后来划归到神州数码）签订了 ERP 实施合同。合同中联想集成承诺 6 个月内完成实施，如不能按规定时间交工，违约金按千分之五进行赔偿。ERP 软件是联想集成独家代理瑞典 Intentia 公司的 MOVER。合作的双方，一方是化妆品行业的著名企业，1998 年销售额超过 7 亿元，有职工 1200 多人。一方是国内 IT 业"领头羊"的直属子公司。这场本应美满的"婚姻"，然而因为 Intentia 软件产品汉化不彻底，造成了一些表单无法正确生成等问题出现了"婚变"。后虽经再次的实施、修改和汉化，包括软件产品提供商 Intentia 公司也派人来三露厂解决了一些技术问题，但是由于汉化、报表生成等关键问题仍旧无法彻底解决，最终导致项目的失败。合作的结果是不欢而散，双方只得诉诸法律。在经历了 15 个月的 ERP 官司之后，三露厂以退还 MOVER 计算机管理信息系统软硬件和获得 200 万元人民币赔偿的庭内调解方式，宣告此 ERP 项目失败。

ERP 项目的失败大体分为两种情况：一是 ERP 项目实施过程的失败。其原因大多与软件功能和实施服务质量有关，三露厂的主要问题出在软件方面。二是应用过程的失败。ERP 系统上线运行后原系统能够正常切换到 ERP 系统，从而完全替代原有手工工作流程，那么，ERP 项目基本上是成功的。否则，视为失败。

事实上，很多 ERP 项目失败企业的老板、高管本身并不清楚，或者还没有能力读懂 ERP 的报表，即使尽了全公司力气维护了数据的准确性，而这么准确的数据对他们也没有意义，一是他们的经营过程不需要，二是他们看不懂。比如，这个月的成本波动比上个月高 5%，为什么？不知道。那么即使这个数据呈现在他们面前，也同样没有任何意义。另外，盲目否定和抛弃自身有效的管理模式。比如有些企业之前是典型的"人治"。往往很多信息化顾问不问青红皂白，断然下结论：需要改善流程、需要制度化。也许这句话本身没错，可问题是说这句话的人并不清楚这句话是什么意思。请问制度化什么？如何制度化？请问流程用来做什么？如何流程化？也许，只有当这些人员清楚了上述问题的真正含义，才能真正清楚什么是企业信息化。

很多企业之所以会把没有做好 ERP 项目的罪责，推到 ERP 厂商或者咨询公司身上，还有一个很重要的原因，就是企业对外部顾问和 ERP 软件有很多不现实的期望。企业认为，顾问们的水平应该很高，他们有责任也有能力牵头把企业的 ERP 项目做好。其实这只是企业的一厢情愿。要知道，顾问也是人，他们不可能无所不知，不可能总是做出正确的决定，也不可能总是做正确的事情。另外，当顾问首次踏进企业门槛的时候，他们对企业是缺乏了解的，即使有些了解，也是非常有限的了解。

2.2.3 一个物流人的成长之路

下面这段文字来源于"今日头条"标题为"我得干多久才能当上物流经理"的文章，并略作修改。

实习生。主要指大三下学期或大四一整年有机会出来实习的大学生。物流企业往往给予的岗位是项目助理职位，更多的直接就是实习生、见习生甚至是兼职岗。这阶段职场的你，根本不用想你能够给企业带来多大多大的帮助，你的领导也不需要你能够提出多少自己的意见，你只需要多听、多看、多学。不用太担心自己什么都不会，没人会过多的责备你，更不要有"觉得自己身怀当下一个马云的梦想却没人理解我的心"的思想，也不用觉得职场上很多人情世故不能理解，毕竟你这才刚刚踏入社会嘛，你只是一个实习生。初入职场，就算你想扫荡天下，也得先憋着，积攒实力，别怨天怨地。这个阶段应该"学会做事"。

一线员工。好啦，恭喜你成功从象牙塔出来，正式成为一名社会人员。这一阶段你也许是一个：项目助理、销售代表、营业员、单证员、行政助理、会计、客服、操作、仓管，等等。这时候你逐步从学做事，开始慢慢地完成一些小范围的事务，这个阶段你只需要完成所在岗位对应的职责，也就是要做到"胜任"二字。当然这个阶段也是职场初期，是绝大多数优秀者凭"运气"甩开大部分人的一个阶段，为什么说是运气？也许你某天下班时间在办公室看了下欧冠赛程，部门总监看到了你还在座位上用心地"看电脑"，他心里就会想"哟，小伙子，还在加班，态度挺不错啊"，转眼就对部门主管说"××这个小伙子不错，刚好那谁离职了，再观察一个月给他晋升到那个岗位上吧……"当然，这少不了你在领导面前所展示的"努力"和"忠心"。这个阶段应该学会"胜任"。

部门主管（副经理）。到了这个阶段，有的人只花了 3 个月，有的人可能要花 6 个月，甚至是 1 年。当然时间长短取决于你的"灵活"＋部分能力＋部分"运气"。如果 1 年时间还没从所在职位上上升一个档次的话，思考自身的能力原因后，再思考公司的环境，果断辞职吧！（别说我告诉你的……）这个阶段，你成了新来的实习生眼中的"老人"，你不仅仅要自己做好分内事，还需要学会带领团队一起做事。例如：你是物流销售，销售指标下来了，你要带领你的小分队去开发业务，去扫街，去展会，完成目标，保证业绩。你是项目运营参与者，你需要保证货物的中转效率、装卸效率等，你仍是一位执行者，还是要搬货，动手，只不过给你多配了两人和你一起做。这一阶段应该学会"带领团队"。

部门经理。这个时候，你已经成为部门经理了（虽然这个部门的经理有很多）。这时候，你需要从带领团队转换为"管理团队"。也许有人问，从主管到经理，这个过程需要多少时间，我想说告诉你一个我能给出的准确答案："不好说"。有能力，头脑又灵活，能完得成业绩，提得出建议又能陪领导喝酒的小伙，也许只要当3～6个月的主管……稍微次一点6～12个月也能，前提是你的业绩——当然这针对业务、销售部门。那对于运营部门来说，前提是熟悉各种状况下的仓库运作、车辆调度、货物装卸，你要是还能做几张漂亮的PPT，又了解物流圈内那群人的微博、微信，恭喜你，你是领导重点培养的对象，即使领导离职了，也要把你带走。升职加薪还不是分分钟的事？这个阶段需要从执行者往管理者进行转变，以前是完成业绩，现在要制定业绩。以前是完成货物装卸，现在是要安排多少人来完成这一车货。看吧，要是没有做过执行者，是不可能学会管理的。这一阶段应该学会"管理、管人、管事、管指标"。

高级经理。这个时候，从经理到这里，你已经成了招聘网站上的"3～5年工作经历"的人群中的一员啦；你也许是一个项目的负责人，一个物流中心的负责人，这回你可不再是管10～20个人了，已经变成了上百人的团队的领导。这个阶段你的人脉，处理事情的态度，把握时机的能力变得尤为重要。待人接物尽量随和、谦虚，广结善缘。这个阶段应该学会"负责整体团队项目，为经营负责"。这里再往上已经不需要什么"鸡汤"，什么分工这些……全凭自己积累的本事。

总监。物流企业，总监级别的人物，没有5～10年以上的工作经验，根本不要谈。某物流集团的营销总监的岗位职责：根据集团的战略规划以及年度经营计划，制订部门的发展战略和项目开发方案，同时制订年度工作计划；监督、贯彻与落实本部门各项政策、流程、文件及公司的规章制度的执行；负责销售部的全面管理，并带领团队完成目标销售额；负责销售团队的建设及培育，提升销售人员的业务素质与技能；深入了解本行业，为客户量身定制综合的、专业的物流方案，以满足不同客户的个性需求。这个阶段应该学会"经营、分析、决策"。

副总经理。某物流集团运营副总经理的岗位职责：规划部门组织结构，组织界定部门职责、各岗位职责和各个员工的工作内容，提出人员配置需求；对各项目（仓储、运输、配送及其他）前期开拓及后续项目落地实施提供运营支持；针对各项目启动时间，全面负责各项目前期资源采集，成本数据分析，目标确定、运营模式制定、资源整合，战略规划、方案制定、流程梳理等。这个阶段应该学会"战略或运营谋划"。

总经理。某物流公司运营总经理岗位职责：全权负责各项运营的行政管理；制订员工守则，待董事会批核后执行；编制总体业务流程方案，确保货物在不同处理方式下，以专业方法运作，使其在安全下流畅进行；收集所有运输信息资料，呈交信息处理中心，完善管理信息系统，确保货物在每一环节下可以即时被查询等。这个阶段应该学会"高效执行战略"。

2.3　能力的演化

2.3.1　格局与思维

人活着的目的是什么？人应该怎么活？人应该怎么活才有意义？这些问题可能困扰着大多数人。细想之，人主要在两个方面——适应社会和改造社会上做出选择。社会适应一词最早由赫伯特·斯宾塞提出。指个体逐渐地接受现有社会的道德规范与行为准则，对于环境中的社会刺激能够在规范允许的范围内做出反应的过程。社会适应对个体有着重要意义。如果一个人不能与社会取得一致，就会产生对所处环境中的一切格格不入的心理状态，久而久之，容易引起心理变态。"改造社会"强调发展个性以改变社会的重要性[1]。

在适应社会上，有适应和不适应两种状态[2]，适应有积极适应和消极适应两种，不适应也有抵抗和悖逆。积极适应是主动融入社会，抓住、跟随和引领社会发展趋势，消极适应意味着是什么我照着做就行了，没有从内心去考量，抵抗意味着是什么我不做但不反向行动，悖逆意味着违背社

---

[1]　刘集林."社会改造"与"改造社会"[J].广东社会科学，2012（4）：140 - 149.

[2]　按照罗伯特·麦吞的学说，社会适应可分为五种类型，即适合型、革新型、形式主义型、退缩型和反抗型。

会发展趋势。在改造社会上有彻底颠覆、重大创新、局部改良、细节改进四种类型。适应社会和改造社会的组合，如图2-4所示。

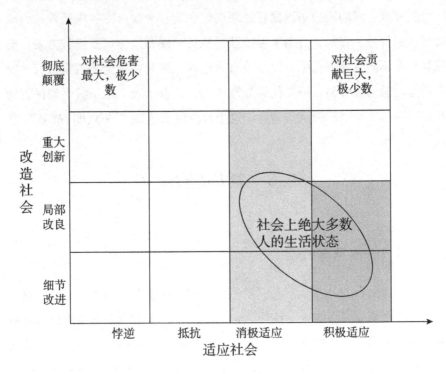

图2-4　适应社会与改造社会

美国现代哲学家、教育家杜威在《学校与社会》和《民主主义与教育》这两部书中系统地阐述了这样的功能理论：第一，肯定教育着眼于儿童个体的进步，但认为教育的眼界需要由此扩大；第二，明确提出学校教育是改造社会、推进社会进步的重要手段；第三，从着眼于改造社会出发，杜威把教育与生活的联系从未来引向现实，把学校教育与社会生活沟通起来，并提出了一系列与传统教育截然不同的改造学校教育的目标与方案。

人类进入现代社会以来，随着科技与文化的迅速发展，教育变革也在不断加剧。与此相适应的是，人们对教育价值与教育功能的认识也在不断深化。现代教育功能区别于近代教育功能的最突出方面是：近代教育功能的重心指向于发展个体，而现代教育功能的重心指向于改造社会。

熊培云在其《这个社会会好吗》一书中写道：个人如何改造社会？这话听起来有些雄心壮志，因为它暗中断定"个人可以而且能够改造社会"。通常，我们听到最多的是个人势单力薄，无法与社会抗衡，改造社会几乎是不可能完成的任务。对此，我的判断是个人是可以改造社会的。就个体而言，你是社会的一部分，当你发生改变时，意味着社会也随之改变。虽然这种变化很微小，但不管有多小，它在客观上都是真实的。就社会影响而言，个人改变的"蝴蝶效应"会积聚。社会无时无刻不在运动，尤其在移动互联网时代，一次微小的改变或者介入，都有可能引发一场摧枯拉朽的小风暴。

影响一个人在图 2-4 中所处的位置的重要因素就是一个人的认知。有这么一个故事：某个地方有一群乞丐讨论当了皇帝会怎样。有一天，这群乞丐在聊天，说道皇上怎么怎么有钱，但是他们从来没看过皇上。有个乞丐说："要是我是皇上，我就把这个街头所有的饭馆吃遍"；另一个乞丐听后说道："我要是皇上，我就住个全是吃的的房子"；旁边一个小乞丐听了，大声说道："我要是当上皇帝，我就弄个金碗要饭，棍子也要金的"。从这个故事就可以看出来，这群乞丐完全活在了自己的小世界里，根本不知道皇上过的是什么样的生活。活在自己的认知里面，你给他多少钱他也只能把生活想成这样了！就这样一种社会认知水平，牢牢地把他们禁锢在仅仅想如何吃的层次上！

Kraus 等（2012）从社会认知视角出发，提出客观物质资源和主观感知的社会地位差异导致了高低不同社会阶层的形成。处于同一社会阶层中的人们由于共同的经历，形成了相对稳定的认知倾向。低社会阶层者与高社会阶层者所拥有的社会资源存在差异，他们的社会认知也有所不同。

美国心理学家乔治·凯利提出过一个理论——"个人构念论"，我们每个人都会根据以往的经验来构建自己的认知模型，一旦遇到相同或者相似的情境，便运用这些经验和认知来解决问题。不久前，一位丈夫不愿在妻子的无痛分娩书上签字。因为害怕影响孩子，所以丈夫拒绝给妻子打麻醉针。无论麻醉医生如何解释，并保证无痛分娩的麻药不会对产妇和胎儿造成影响，丈夫的态度依旧坚决。由于对麻醉相关认识的缺乏，丈夫始终坚持已见，忍受不了疼痛的妻子，直接喊出了"我恨你一辈子"这样的话。认知水平低的人，脑海中的个人构念单一、缺乏弹性，所以遇到问题时，没有较多的应对策略，只能够用单薄且唯一的构念来进行解释。知道得越多，就越明白自己的无知。认知水平高的人，能认识到自身的局限，明白事物具有多种模样，能够理解"世界可能和自己所想的并不一样"。

不同的人会有不同的认知，即使同一个人在不同时间也会有不同的认知。发展很成功的企业，它们的领导的认知与其他人都很不一样。如国内的互联网企业的马云、马化腾、刘强东；国外的如 Facebook 的 Zuckerberg、Tesla 的 Elon Musk、Founder's Fund 的 Peter Thiel；等等。

认知涉及三个维度：认知广度、认知深度和认知高度，如图 2-5 所示。认知广度是指认知的范围，认知深度是指对事物的分析和解剖力度，认知高度是指对事物及其关系的综合和集成程度。认知广度、认知深度、认知高度这三个维度形成的空间面构成了认知水平，亦即格局。空间面有多大，格局就有多大。格局是非常重要的，特别是对于中高层管理者。作为管理者，面临的内外部情况非常复杂，"只见树木，不见森林""头痛医头，脚痛医脚""只看眼前，不看长远"都是不可取的。

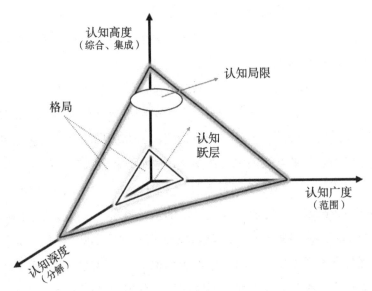

图 2-5　管理者的格局

　　一个人对事物的认知始终局限于某个层面而得不到突破，这种现象叫认知困境。在实际生活和工作中，我们也常常遇到这种情况，非常想提高自己认知水平，受困于所处的环境，始终找不到突破口。如果一个人过度相信自己的认知，殊不知这种认知已经不合时宜或者对于面对的问题是毫无帮助的，甚至是起反作用的，这就叫认知局限。认知局限对于管理者和领导危害巨大，"温水煮青蛙"就是这个道理。从一种格局向另一种格局移动，叫认知迁移。改变一个人的认知有时是非常困难的，"撼江山易"但"变认知难"。从低水平的格局往高水平的格局突破，这叫认知跃层。

2.3.2　角色认知与定位

　　在笔者研究生入学的时候（2000 年），一名来自煤矿的同学跟笔者聊天时讲道：一个人如果在社会上拎不清自己的分量和摆不正自己的位置，将会处处碰壁。原来这名研究生同学大学毕业后，分到了陕西铜川的一座国营煤矿上班（那时的大学生是包分配的）。刚开始的时候，总觉得自己是大学生，企业应该珍惜人才，常跟领导讲条件和提意见。久而久之，领导就认为这孩子不踏实和不懂事，就把一些锻炼机会给了其他人。过了几年，和他同时去这家企业的几个大学生都陆续提为工程师和部门负责人，而他还在原地不动。终于有一天，他突然意识到问题出在自身上，他想改变领导对他的认知，却发现已经很难了。没有办法，他只好考研，希望能再给自己一次能重新选择职业和改变"领导成见"的机会。

　　在这个社会上，有很多人在很多时候都摆不正自己的位置，他们利用自己的身份生活，却无法正确地面对自己的每一个身份。他们拥有着能力，却并不能实事求是地看待自己的能力。这些人要么心比天高命比纸薄；要么做着不符合自己身份和能力的事，让人看不起；要么结局惨痛，自食其果。实际上，每一个人都是与众不同的，每一个人在人生的每一个阶段都有着自己应当处于的位置，而我们离自己的位置越近，我们活得就会越真实、越舒适。

　　例如，一些学生常常这样想：我交了钱，学校就得把我当顾客，好好提供服务，不要一天到晚管着我。这是学生摆不正位置的表现，学生就得接受教育和管教。知识分公有知识和私有知识，后者比前者更重要，学生要想从教师处获得私有知识，态度和为人处世就非常重要了。有些企业的技术骨干，因为自己技术好，就自恃清高，摆不正自己的位置，处处顶撞领导，得罪同事，直到自己被开除了，还觉得自己很委屈。一些企业领导，喜欢居高临下，把自己摆在高高在上的位置，对下属员工不是斥责就是奚落，结果是各项工作开展得都不顺利，员工也都敢怒不敢言。

"位置"是个很难量化的东西，没有一定的标准，也会因为各种因素而变化。战略管理上讲定位，就是明确企业在产业和市场中所处的位置。简单地讲，可以从身份和能力两个角度来摆正自己的位置。你的言谈举止，你的行立坐卧要符合你的身份，匹配你的能力。这里的身份可能是多重的，最常见的就是社会身份和家庭身份。你的能力，就是你所拥有的本事。实际上，你的身份和能力的结合就是你自己所处位置的反映，如图2-6所示。

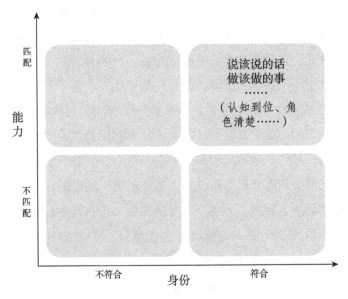

图2-6　身份、能力与位置

对于身份而言，一方面，处在不同的时间和场合，我们要使用这个时间这个场合的身份，不要做不符合这个身份的事；另一方面，身份的转换不要互相掺杂，比如你在家就是父母的子女，不要对父母拿着总经理的身份来挥斥方遒！除了你身份之外的一切因素的突然来袭，尤其是那些偶然因素的介入，如果从本质上这些因素不能改变你的身份，这些因素就不足以让你的位置区域发生转移！人的能力毕竟是有限的，无论是夸大其词还是过分的掩饰，都是对自己位置的不正确认识，这就要求每一个人实事求是地看待自己，看待自己的能力！

实际上，摆正位置就是做好角色定位。从事教育二十载，尤感我们的教育，特别是大学教育，非常缺乏帮助学生正确认知自我的环节。以至于，很多大学生要花很长的时间去适应社会，结果是"伤痕累累"。角色认知（role perceptions）是指角色扮演者对社会地位、作用及行为规范的实际认识和对社会其他角色关系的认识。任何一种角色行为只有在角色认知十分清晰的情况下，才能使角色很好地加以扮演。角色认知是角色扮演的先决条件，一个人能否成功地扮演各种角色，取决于对角色的认知程度。角色认知包括两个方面，一是对角色规范的认知，二是对角色评价的认知。

2.3.3　素能形成路径

图 2 - 7 清楚地展现了素能的形成路径。

图 2 - 7　素能的形成路径

学习、思考、实践、感悟、行动是一个学而思、思而践、践而悟、悟而行的螺旋式上升且循环往复的过程，永无止境❶。

---

❶　牛沐钟声．感王岐山"学而思，思而践，践而悟"［EB/OL］．（2013 - 01 - 28）．中国共产党新闻网，http：//cpc．people．com．cn/pinglun/n/2013/0128/c241220 - 20 348418．html.

信息社会、学习型社会的到来，使"学习"的概念日益深入人心，及时学习、创新学习的重要性不言自明。如何理解学习？学习的形式发生了哪些变化？如何做到"学以致用"？这些问题在全社会引起了广泛地深思和讨论。

学而思，才能习得到手、考虑到家。"学而不思则罔，思而不学则殆"，单纯学习不思考容易浑浑噩噩、不清不楚，片面思考容易脱离实际、空谈误国。学习和思考没有先、后之分，轻、重之别，只有形影相随，致力于用，才能提高技术、优中育优；只有立足实际、学思结合，才能发现问题，攻坚克难，从而不断提高自我，提高业绩。无论学习还是思考都要提高"三度"：高度、角度、尺度，因为"高度决定视野，角度改变认识，尺度把握人生"。

思而践，才能把握机遇、实干兴邦。对历史经验的反思，可以为我们消除思想藩篱，少走弯路，快速发展；对现状问题的拷问，可以使我们发现困境出口，尽早脱险，稳定前进；对未来前景的谋划，可以让我们找到梦想之窗，完善纲领，赢定未来。思考了，形成方案，重在落实。没有亲力亲为、没有践诺行动，再好的宣誓都是"空头支票"和"形象工程"。

践而悟，才能发现规律，未雨绸缪。马克思主义辩证法认为，前途是光明的，道路是曲折的。在通往成功的道路上充满挫折和困苦，关键是能否坚持"吃一堑、长一智"。边实践、边感悟，边探索、边总结，通过意识的火花，灵动的实践把外部普遍规律内化为个人独有的理念，让贡献社会发展和成就个人价值融合为一、相得益彰。

悟而行，才能形成能力，有能力方可行远。这里的行，主要是能力的锻炼。就是高标准和严要求。笔者从参加工作以来，就跟随导师做科研，站在导师旁边，一边看导师写东西，一边就想导师为什么那样写，导师也时不时地耐心地讲解自己是如何思考和写作的。尽管如此，但当自己独立面对某个课题的时候，仍然是不知从何下手，还是一头雾水。只能从基础做起，把问题分成若干个小问题，一个一个地做，不怕事小，不嫌麻烦，认真对待，不断总结，把道理想清楚，反复地修改和完善。事实上，仅仅只是实践，没有悟，也没有悟后的多次行动，能力是培养不起来的。

2.4　主要的能力体系

2.4.1　STEAM 的能力体系

STEAM 课程起源于美国，由 STEM 转变而来。20 世纪 80 年代，美国政府为解决美国学生对理工科课程逐渐失去兴趣这一难题，开展以科学（Science）、技术（Technology）、工程（Engineering）、数学（Mathematics）为主的课程，后来又把艺术（Arts）类课程添加到 STEM 课程中，形成了现在的 STEAM 课程。STEAM 课程以项目学习的形式展开，项目涉及科学、技术、工程、数学这些课程相关的知识组成的问题，学生对这些知识的学习变成问题解决式的知识探索，这样的学习方式比枯燥的知识学习更具趣味性。项目虽然涉及多门课程的知识，但它不是多种课程的简单叠加，而是由多门课程组合而成的一个有机整体，让分散的知识点整合，当学生进行项目学习时，无形之中提高了学生多方面的综合能力，包括创新思维能力、团队合作能力、问题解决能力等。

我们日常所说的素质教育，是指培养学生的显性知识以外的能力，包括习惯、认知、心性、德行、体质等方面的教育。很多家长不满足于自己的孩子在校内的知识学习，安排其课外学习美术、音乐、舞蹈等才艺，这是非常重要的素质教育。但是，素质教育不仅仅是这些兴趣爱好的学习，更重要的是结合知识与创造体验的素质教育才是素质教育发展的大方向。

STEAM 是一种教育理念，STEAM 致力于孩子终生的、整体的、综合的面向未来的教育，是让孩子们在玩中学、做中学、重实践的跨学科教育，以整合的方式培养孩子掌握知识和技能，并能进行灵活迁移应用解决真实世界的问题，培养学有所成的优秀学生，使他们不仅能掌握更多的课程学科知识，而且能够全面发展 21 世纪人才所需的 4C 核心能力。4C 核心能力分别为创造创新能力（Creativity and Innovation）、批判性思维与解决问题能力（Critical Thinking）、沟通交流能力（Communication）、合作协作能力（Collaboration）。

面对科技的迅猛发展，任何行业的规则都无法保持不变，所以创新能力将是取得成功的基石。只有想到别人想不到的地方，才能吸引人的关注。要在一个领域取得成功，就要拿出过人的创新能力，否则难免屈居人后。现阶段社会发展的速度很大程度上超越了个人的接受能力，很多前人的所谓经验之谈往往限制了我们的发展，甚至将我们带入误区。所以，批判性思维变得尤为重要。不要盲目地相信，也不要盲目地拒绝，凡事要有自己的看法，并且不断自我反思与革新。如此，我们才得以在这个众说纷纭、真真假假的时代立足。未来人类社会总是朝着分工越来越细的方向发展。随着分工的细致化，人才的专业化，对人的沟通合作能力的要求也会越来越高。人们总是需要不断的分享自己的思路、问题、点子以及解决方案，以达成与其他人的合作，最终把事情完成。团队协作就是通常所说的Team Work，团队的力量远大于个人。如果想做成大事，单靠自己是不可能的。在这个资源、信息共享的时代，团队协作的核心不仅是不发生矛盾，还要将个人效率最大化，充分激发每个人的潜能。队内成员也可以互相学习，集思广益，使团队始终保持活力。

STEAM教育体系首先是跨学科的知识运用体系，着重点在于对已有的知识进行"拿来主义"，能用上的都用起来，围绕问题提出解决方案，选择不同的技术手段创造性地解决问题。这是问题导向式的教育体系，力求让学生在探索中获得成就感和满足感，在寻求结果的尝试过程中锻炼思维方法和实践能力。STEAM体系中的工程、技术等知识主要解决实施问题，艺术知识解决人文理解力和精神层面的需求，让所有的技术应用能够为人性化服务。用这种探索性的方法调动起学生的兴趣和好奇心，是一种很好的引导方法。这才是教育的本质意义——启迪心智。

2.4.2　MTC 的 A New Model

由近百所美国顶尖私立高中组成的联盟 Mastery Transcript Consortium（MTC）发明了一种全新的学生评价体系——A New Model。Mastery Transcript Consortium（MTC）是前美国私立高中协会主席 Scott Looney 发起的，

Scott Looney 是全美排名前 25 的霍肯高中（Hawken School）的校长。MTC 成立的初衷就是颠覆美国高中的评价体系。发起人 Scott Looney 认为 SAT、ACT、高中 GPA 等成绩，并不能全面体现学生的综合素质——靠刷题很容易考高分，成绩好的学生不一定就是优秀的人才，美国大学如果据此选拔人才很容易"跑偏"。2016 年 3 月，美国私立学校协会年度会议上，Scott Looney 抛出了"A New Model"的构想，很快吸引来不少顶级私立高中的加入，包括全美最负盛名的道尔顿学校、纽约知名女校斯宾塞学校、乔治·布什总统的母校菲利普斯学院等。MTC 集合了一批来自顶尖私立高中的教育专家，研究并发明了一套全新的高中生评价体系——A New Model（见表 2-3）。要知道，MTC 囊括了众多美国一流的私立高中，是全美著名高校的主要生源地。所以，为了抢夺优秀生源，美国高校必然会采取措施，主动对接这套评估体系。

表 2-3　"A New Model"的 8 大项能力和 61 个小指标

1. 分析和创造性思维
a. 定义、管理及处置复杂问题 Identify, manage and address complex problems
b. 辨别信息的真伪、偏差及其是否全面 Detect bias, and distinguish between reliable and unsound information
c. 应对信息过载 Control information overload
d. 提出有意义的问题 Formulate meaningful questions
e. 分析、创造概念和知识 Analyze and create ideas and knowledge
f. 用试错、测试等方法解决问题 Use trial and error, devise and test solutions to problems
g. 从多角度看问题 Imagine alternatives
h. 建立跨学科的知识和视野 Develop cross-disciplinary knowledge and perspectives
i. 能持续推理 Engage in sustained reasoning
j. 融合与适应 Synthesize and adapt
k. 解决没有依据可循的新问题 Solve new problems that don't have rule-based solutions
l. 运用知识和创造力去解决复杂的真实问题 Use knowledge and creativity to solve complex "real-world" problems

2. 复杂沟通——口头及书面表达

a. 用两种及以上语言去理解和表达 Understand and express ideas in two or more languages

b. 与不同类型的受众清晰交流 Communicate clearly to diverse audiences

c. 用心倾听 Listen attentively

d. 有效的口头表达 Speak effectively

e. 向不同类型的受众进行清晰简明的书面表达 Write clearly and concisely—for a variety of audiences

f. 阐明信息并有效地说服他人 Explain information and compellingly persuade others of its implications

3. 领导力及团队合作能力

a. 提出新想法 Initiate new ideas

b. 通过影响力领导 Lead through in influence

c. 赢得信任、解决冲突、为他人提供支持 Build trust, resolve conflicts, and provide support for others

d. 领导小组讨论、达成共识、有效谈判 Facilitate group discussions, forge consensus, and negotiate outcomes

e. 做他人的老师、教练、顾问 Teach, coach and counsel others

f. 寻求帮助 Enlist help

g. 完成协作任务、管理团队、分配任务 Collaborate tasks, manage groups, and delegate responsibilities

h. 执行决策、达成目标、分享荣誉 Implement decisions and meet goals, share the credit

4. 信息技术及数理能力

a. 理解、运用信息技术 Understand, use, and apply digital technologies

b. 创建数字知识和媒体 Create digital knowledge and media

c. 在不同场景下运用多媒体资源进行有效沟通 Use multimedia resources to communicate ideas effectively in a variety of forms

d. 掌握并运用高阶数学 Master and use higher–level mathematics

e. 了解传统及前沿的数学、科学、技术、环境科学、机器学、分形学、细胞自动机、纳米技术、生物技术等热门议题 Understand traditional and emerging topics in math, science, and technology, environmental sciences, robotics, fractals, cellular automata, nanotechnology, and biotechnology

5. 全球视野

a. 对他人不同的价值观和习俗保持开放的心态 Develop open - mindedness, particularly regarding the values, traditions of others

b. 理解非西方的历史、政治、宗教、文化 Understand non - western history, politics, religion and culture

c. 用一种或多种国际化语言发明创造 Develop facility with one or more international languages

d. 通过技术在全球范围内联系人和项目 Use technology to connect with people and events globally

e. 建立有效的跨文化的社交和智力技能 Develop social and intellectual skills to navigate effectively across cultures

f. 使用 21 世纪的技能去理解和解决全球问题 Use 21st century skills to understand and address global issues

g. 对有不同文化、宗教和生活方式的人保持尊重和开放的心态，向他们学习、与他们合作 Learn from, and work collaboratively with, individuals from diverse cultures, religions, and lifestyles in a spirit of mutual respect and open dialogue

h. 平衡社会和文化差异去创建新的想法、获得成功 Leverage social and cultural differences to create new ideas and achieve success

6. 高适应性、主动探索、承担风险

a. 建立灵活、快速的适应能力 Develop flexibility, agility and adaptability

b. 敢于尝试不熟悉的领域 Bring a sense of courage to unfamiliar situations

c. 探索和实验 Explore and experiment

d. 在模糊不确定的环境下高效工作 Work effectively in a climate of ambiguity and changing priorities

e. 将失败看作学习的机会，认识到创新包含少数的成功和频繁大量的错误 View failure as an opportunity to learn, and acknowledge that innovation involves small successes and frequent mistakes

f. 勇于探索新的角色、思想和策略 Cultivate an independence of spirit to explore new roles, ideas, and strategies

g. 发展创业素养 Develop entrepreneurial quality

7. 品德和理性兼顾的决策能力
a. 保持同理心 Sustain an empathetic and compassionate outlook
b. 具有正直、诚实、公正、尊重他人的品德 Foster integrity, honesty, fairness and respect
c. 有勇气对抗不公正的境遇 Exhibit moral courage in confronting unjust situations
d. 有责任感，考虑组织的意向和利益 Act responsibly, with the interests and well-being of the larger community in mind
e. 对新媒体和技术带来的伦理和困境有基本的了解 Develop a fundamental understanding of emerging ethical issues and dilemmas regarding new media and technologies
f. 面对复杂的问题，做决策时兼顾理性和道德 Make reasoned and ethical decisions in response to complex problems
8. 思维习惯
a. 细致 Conscientiousness
b. 创造力 Creativity
c. 热爱学习/好奇心 Love of learning/Curiosity
d. 抗挫折能力 Resilience
e. 毅力 Persistence
f. 自我效能 Self-efficacy
g. 压力管理能力 Stress management
h. 时间管理能力 Time management

"A New Model"的提出是基于这样的背景，美国优质高中的学生都希望进入像哈佛大学、斯坦福大学这样的顶尖大学，跟中国学生的目标很相似。这些学生在高中阶段非常努力，要选择难度最高的课程，或大学先修课程（AP）与国际预科证书课程（IB）等。在学校学习中，学生既要完成所有规定的学科，又要选择自己感兴趣，或将申请的大学专业课程。他们还要努力准备学业能力倾向测试，一般会参加三到四次，以备申请大学。此外，他们还要参加大量的课外活动，例如通常会选择三项体育运

动、四种不同的实习。因为，在申请大学的时候，学生需要凭借课程类型、成绩和活动经历来展现自己。

事实上，A New Model 刚刚发布，就获得了美国大学申请系统 Coalition for Access 和 Affordability and Success（CAAS）的支持。使用 CAAS 申请系统的学校包括哈佛大学、耶鲁大学、普林斯顿大学、哥伦比亚大学、斯坦福大学、康奈尔大学、达特茅斯学院、杜克大学、密歇根大学等 80 余所美国著名高校。MTC 表示，未来 A New Model 会扩展到公立中学，全面改写美国大学的录取方式。

总的来说，对比传统的评分制，A New Model 有三大特征。第一，不看成绩，A New Model 是"能力导向"。每修得一门课程，学生将收获对应的能力学分（Mastery Credits），模拟学生档案分为两部分，一部分是学生拿到的具体能力学分（Earned Credits），没有评级和分数；另一部分，是学生的 8 大能力总览。第二，动态记录，一目了然。A New Model 的格式都是统一的，而且简洁、直观，大学招生人员只要花两分钟就能了解一个学生的具体能力。MTC 联盟正在努力为 A New Model 开发一个技术平台，实现电子记录——实时更新学生的能力学分，并且会提供学生的课堂作品、论文、视频展示等材料，还会提供每个学校的评分标准——这些都能为大学挑选学生提供直观且可靠的依据。第三，学校拥有极大自主性。虽然能力鉴定模板是固定的，但每个学校可以自行决定对学生能力的评判标准——学校也可以根据自己的需求和培养目标，划定哪些能力才是学生应该重点掌握的能力。

未来，每个学生一入学就会被建立能力档案，并开始持续不断地加以动态更新，高中毕业申请大学的时候一键点击，即可提交，不需要再另行准备材料。招生官可以点击进入每一项，查看学生高中期间的相关资料，包括作业、报告、考试、活动、老师评语等各种材料。这将是一份持续更新的全息档案，一点一滴的努力和能力进步都纤毫毕现。也就是说，"平时不努力、临时抱佛脚、刷题考高分"的人，认识"大牛"能搞到推荐信的人，乃至任何投机取巧走捷径的人，都没空子可钻了。

2.4.3 管理会计能力素质框架

IMA 是美国管理会计师协会（The Institute of Management Accountants）的简称，是全球领先的国际管理会计师组织，推动管理会计行业的发展至今已有百年历史。IMA 成立于 1919 年，致力于开展研究"美国注册管理会计师"（CMA）认证、继续教育、社交网络以及倡导最高职业道德等。IMA 为企业内部的会计和财务专业人士提供发展的平台，拥有遍布全球的 265 个分会，超过 10 万名会员。

结合当前国际管理会计人才需求现状和百年来管理会计人才培养的经验，IMA 于 2016 年 11 月 8 日正式发布了《管理会计能力素质框架》，包括规划及报告、财务决策、信息技术、业务运营和领导力建设 5 个模块（如图 2 – 8 所示）的 28 个能力素质，并分 5 个等级详细定义了管理会计的具体能力素质要求，IMA 希望通过能力素质框架的发布，更好地促进管理会计在中国的发展，让中国的管理会计成为创新管理和提质增效的主力军。

MACC 管理会计能力素质认证课程（Management Accounting Competency Certificate）是以 IMA 管理会计能力素质框架为基础，以管理会计能力素质提升工程为指导，以 MACC 专家顾问委员会中美各界管理会计专家的研究理念为依托，适用于国内企业转型及财务人士能力素质转型提升的普适性认证课程。

2012 年年初，皇家特许管理会计师公会（CIMA）与美国注册会计师协会（AICPA）共同推出全球特许管理会计师（CGMA），旨在提升管理会计职业的全球影响力。作为两会合作的一项基础成果，2014 年 4 月，CIMA 和 AICPA 联合发布了《全球特许管理会计能力框架》（CGMA COMPETENCY FRAMEWORK）（简称"CGMA 管理会计能力框架"）。CGMA 管理会计能力框架对管理会计人才提出了全面的能力标准及要求。它以道德、诚信和专业精神为基础，构建了全球特许管理会计师的四方面职业技能：技术技能、商业技能、人际技能和领导技能，并基于此重新构建了 CIMA 管理会计职业资格框架及考试大纲。

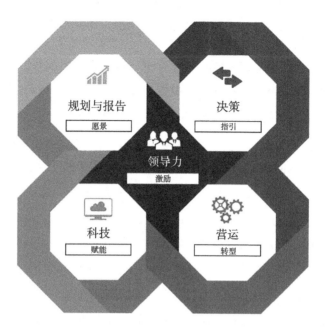

图 2-8 美国管理会计师协会（IMA）管理会计能力素质框架

CGMA 管理会计能力框架由四个知识领域构成：全球管理技术技能、商业技能、人际技能和领导技能，如图 2-9 所示。

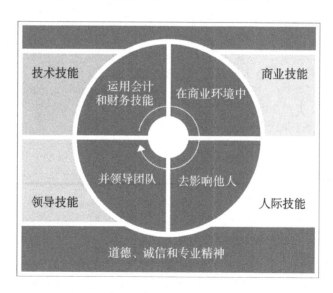

图 2-9 CGMA 管理会计能力框架

2.4.4 商业物流管理（BLM）模型

商业技能是物流管理人才必须具有的与商业直接或间接相关的知识和技能，例如企业各物流功能领域知识以及经济学、心理学和社会学等学科知识；物流技能是物流管理人才必须具备与各物流领域相关的知识。这两类技能要求物流管理人员具有相关知识，可以通过设置相应的教学课程以及实验课程进行训练和培养。管理技能与个人特征相关，很难通过相关教学课程以及实验课程直接培养，需要通过更全面的实践教学体系进行系统培养和训练。

根据调查回收结果研究表明，三类物流技能按照重要程度排序为管理技能、物流技能和商业技能，见表2-4。传统管理技能中最重要的技能是计划、组织、解决问题的能力，传统物流技能中最重要的技能是交通和运输管理、库存控制、仓储、订单处理，而在传统商业技能中，运输和物流、一般商业管理、人力资源管理、信息系统和战略管理最重要。

表2-4 商业物流管理（BLM）模型

技能种类	技能具体构成	重要程度
商业技能	①运输与物流；②一般商业管理；③商业道德	很重要
	④信息系统；⑤战略管理；⑥会计和成本控制；⑦商业写作；⑧财务；⑨人力资源管理；⑩劳动关系；⑪微观经济学；⑫运筹学；⑬采购学；⑭组织心理学；⑮制造；⑯计算机科学；⑰商业统计；⑱销售学；⑲工业工程；⑳宏观经济学；㉑商业和政府；㉒商业法	中等重要
	㉓公共关系；㉔商业和社会；㉕土木工程；㉖工业社会学；㉗国际商业；㉘商业史；㉙经济地理；㉚保险；㉛演讲；㉜城市和区域规划；㉝外语	较不重要
物流技能	①交通运输管理；②客户服务；③仓储学；④库存；⑤材料处理；⑥运输法规；⑦制订计划	很重要
	⑧配送通信；⑨订单处理；⑩设施场所；⑪需求预测；⑫采购和购买；⑬部门支持；⑭人事变动；⑮包装；⑯国际物流；⑰回收物流处理；⑱废物处理	中等重要

技能种类	技能具体构成	重要程度
管理技能	①个人诚信；②促动能力；③计划能力；④组织能力；⑤自身动力；⑥管理控制；⑦有效的口头表达；⑧监督能力；⑨解决问题的能力；⑩自信；⑪责任心；⑫时间管理能力；⑬谈判能力；⑭应变能力；⑮人际关系；⑯有效的书面表达；⑰说服能力；⑱全局观；⑲倾听能力；⑳培训下属能力；㉑热情；㉒分析推理能力；㉓操作知识；㉔肯定别人；㉕个人修养	很重要
	㉖个人着装习惯；㉗展示政治家风度的能力；㉘能够识别所处环境中的机会和威胁；㉙定量专门知识；㉚个性；㉛计算机专门知识	中等重要
	㉜外语专门知识	较不重要

调查结果表明管理技能对于物流高级经理非常重要，物流经理首先是管理者，然后才是物流人才。

2.4.5　ELA、CIPS 和 ILT 的能力标准

欧洲物流协会（The European Logistics Association，ELA）于 2004 年发布了供应链/物流管理能力标准，这一标准形成了欧洲物流认证管理委员会（European Certification Board for Logistics，ECBL）对物流从业人员进行物流职业资格认证的基础。ELA 为物流从业人员提供了一套三个级别的物流职业资格认证体系，分别为运营经理（Supervisory/Operational Level）、高级经理（Senior Level）、战略专家（Strategic Level），并为每个级别设定了严格的培训及考核标准，见表 2-5 和图 2-10。

在运营经理方面，包括基础供应链概念和核心管理技能两个必修模块，在库存管理、仓储管理、生产计划、采购管理和运输管理五个功能模块中选择两个模块。在高级经理方面，包括基础供应链概念、核心管理技能和供应链与网络管理三个必修模块，在库存管理、仓储管理、生产计划、采购管理和运输管理五个功能模块中选择三个模块。在战略专家层

面，包括基础供应链概念、核心管理技能、供应链与网络管理、创新与变革的领导能力、供应链策略和商业策略六个必修模块。

表2-5 ELA 的能力标准

级别	学员类别	能力要求	目标能力
战略专家	在物流领域具有丰富管理经验的高级战略型经理人、高级咨询顾问 对公司物流负有责任的企业高级管理人员	精通专业基础理论并掌握复杂的操作技能，有处理不可预知的各种情况的能力 负责公司的人力、物力和资金来源	掌握物流战略和工作流程、物流网络相关及之间的关系、物流在整个商务领域中的位置与角色 在物流战略方面有着专业知识和技能 在他/她的职责范围内确定并优化详细的最佳物流战略方案
高级经理	负责物流网络中的计划编制、协调管理、指导控制等不同工作范畴的高级经理或顾问 以高级管理人员为目标发展的物流职业人才	在广泛的工作领域掌握专业技能和知识，能胜任多样的、复杂的、非程序化的工作 拥有突出的个人自制力及责任感，通常要负责管理及监督他人的工作	掌握物流战略和工作流程、物流网络相关及之间的关系 拥有监督管理工作流程及项目的专业知识和技能 在他/她的职责范围内确定并优化详细的最佳物流处理方案
运营经理	操作流水线上的监督管理人员 第一线的管理人员	在广泛的工作领域中掌握专业技能和知识，有时需要处理一些多样的、复杂的、非程序化的工作 能管理和指导他人	理解物流战略和工作流程、物流网络相关及之间的关系（一般知识） 拥有专业操作技能和知识 在职责范围内能提出最优化操作行为

CIPS 是英国皇家采购与供应学会（Chartered Institute of Purchasing and Supply）的英文缩写。CIPS 具有近八十年的历史，现有世界各地的会员近四万人，是欧洲最大的采购与供应专业组织，也是国际上海外学员最多、

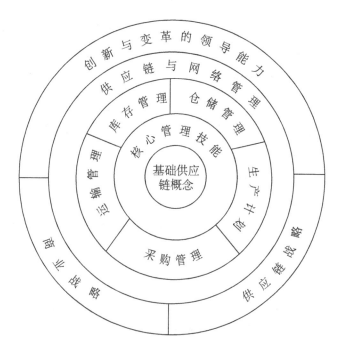

图 2－10　ELA 物流职业资格认证体系的一般模型

学员规模发展最快的专业组织。CIPS 是目前世界上领先的专业采购与供应机构，是国际采购与供应链行业的研究与职业教育认证中心。由于 CIPS 对世界采购与供应行业的专业贡献，英国女王在 1992 年授予该学会皇家宪章。CIPS 采购与供应职业道德标准已经成为国际通用的行业标准，被世界上 100 多个国家和地区所采用。CIPS 注册采购与供应经理认证是该学会在其近百年历史进程中对采购和供应专业发展贡献的结晶。该认证系统完善，注重实际技能培养与评估；其标准来自行业实践，并为行业发展服务。

CIPS 认证分为四级：一级（Level1）CIPS 采购与供应证书（CIPS Certificate），二级（Level2）CIPS 采购与供应高级证书（CIPS Advanced Certificate），三级（Level3）CIPS 采购与供应文凭（CIPS Graduate Diploma：Foundation Stage），四级（Level4）CIPS 采购与供应高级文凭（CIPS Graduate Diploma：Professional Stage）。

ILT 是在 1999 年 6 月由两所具有百年历史的英国物流学会和英国交通学会合并而成的。英国女皇伊丽莎白二世亲自为学会的成立签署了皇家令状（ROYAL CHARTER）。安妮公主（Her Royal Highness The Princess Royal）曾任该学会名誉主席和皇家赞助人（Royal Patron）。现任总裁格兰休尔将军曾任英军三军负责后勤的副总参谋长。

ILT 是世界上最早的物流与运输专业组织，也是最具权威的组织之一。在其近百年的发展历程中，形成和完善了一整套的物流和运输职业资质标准和认证体系。ILT 物流和运输认证标准及相应的培训课程被欧洲、北美、亚洲、大洋洲和非洲的众多国家和地区广泛采用，例如澳大利亚、加拿大、新西兰、新加坡、印度、马来西亚、南非等国家以及中国香港等地区。在英国，更有 35 所著名大学开设由 ILT 批准的有关物流和交通运输的学士、硕士及博士课程。ILT 物流证书还得到了其他国际专业组织和著名大学的广泛承认，如国际物流学会、欧洲物流认证委员会等，著名大学如 ASTON 大学承认 ILT 证书作为其硕士学位学分。

ILT 物流职业资质证书是由 ILT 设计的一整套系统的物流专业人员资质证书体系，分为四级：一级为物流人员基础证书；二级为物流部门经理证书；三级为物流运营经理证书；四级为物流战略经理证书。ILT 证书的认证标准是基于各个级别的物流专业管理人员所应具有的能力模型设计的，其认证考试也是从两个方面对考生进行考核，即专业知识和实际工作能力。

2.5　物流人才素能体系

2.5.1　素能教育演进

自 2000 年《达喀尔行动纲领》的六项全民教育目标和联合国千年发展目标提出以来，全球教育已经取得了显著进步。然而，2015 年 4 月联合国教科文组织发布的最新报告《全民教育全球监测报告》显示，全球只有三分之一国家实现了 2000—2015 年全民教育计划全部目标，只有一半国家实现了 2000—2015 年全民教育计划主要目的——普及初等教育。这些教育目标在最后期限——2015 年年底前不能实现，需要继续采取行动。

在 2015 年 9 月举行的联合国发展峰会上，世界各国首脑共同见证和通过了具有划时代意义的《2030 年可持续发展议程》，提出了"确保包容、公平的优质教育，促进全民享有终身学习机会"的教育目标。在此基础上，联合国教科文组织于 2015 年 11 月又通过了《教育 2030 行动框架》，为实现 2030 教育目标做出具体规划，"教育 2030"的目标清晰地勾勒出全球教育的未来蓝图。

教育 2030 是在联合国教科文组织及其他合作伙伴的协调下，经过成员国的广泛磋商，在全民教育指导委员会指导下通过的全球教育议程。2015 年 5 月，由联合国教科文组织主办，联合国开发计划署、人口基金、难民署、儿童基金会、妇女署以及世界银行六家机构协办的 2015 年世界教育论坛在韩国仁川举行，来自 130 多个国家和地区的 1500 多名代表，包括政府部长、国际组织、非政府组织的领导、专家学者、私营企业代表及青年在内的全球教育团体参加了大会。论坛充分讨论了为实施教育 2030 提供指导的"教育 2030 行动框架"，并通过了《仁川宣言》。

教育 2030 行动框架指出，教育 2030 目标是：确保每一个人都获得坚实的知识基础，发展创造性思维、批判性行为以及合作性技能，培养其好奇心、勇气及坚韧性。为了人类、经济、社会和环境的可持续发展，关注教育目的和相关性是教育 2030 的典型特征。这样的愿景超越功利化的教育方式，并整合了人类生活的多个层面。教育提高全球公民意识及公民参与度，促进可持续发展。教育还将推进跨文化对话，尊重文化、语言的多样性，这对于实现社会和谐和公平至关重要。

据世界经济论坛预测，到 2020 年，15 个主要发达经济体和新兴经济体将有 500 万个工作岗位被机器人替代。花旗银行和牛津大学预测，中国 77% 的工作都有被机器人代替的可能，"被替代率"高居全球第二。正如 OECD 教育司司长施莱歇尔所说的那样，"在快速变化的互联网世界中，为了使学生在生活中取得成功，教育必须改变。因为互联网知道一切，所以现代全球经济不会因为你知道什么就付给你钱，付给你钱是要看你能运用你所知道的做什么"。

为应对未来的挑战，国际组织、发达国家都在 21 世纪初就纷纷提出 21 世纪能力和核心素养要求，这些核心素养既包括特定学科领域的素养，也包括跨领域的通用素养。尽管不同国家提出的素养存在具体细节上的差异，但是与传统的能力要求相比，这些框架都有两个方面的共同的鲜明特征：一是在认知技能方面突破传统，强调批判性思维、创新、问题解决和信息素养；二是重视人际交往技能和自我管理技能这两种"软技能"，包括沟通合作能力、学会学习和终身学习、自我认识和自我调控、公民责任和社会参与等。

麦肯锡公司 2018 年 5 月发布了一份名为 "Skill shift：automation and the future of the workforce（技能转移：自动化和劳动力的未来）"的报告，分析了 AI 大背景下，企业对劳动技能需求的变化及企业的应对策略。在这份报告中，麦肯锡将工作技能分成五类，包括体力和动手能力（对通用设备的操作、检查和监控）、基础认知（包括基本的数据输入和处理技能、基本的文字、数字和交流能力）、高级认知（创造力和复杂信息处理的能力）、社交和情感、专业技术。麦肯锡研究人员预计，在 2030 年，对基础认知需求将下降 15%，对体力和动手能力的需求也将降低 14%。相比之下，企业对高级认知能力的需求将上升 8%，同时，对社交和情感技能的需求上升 24%。也就是说，偏向基础和机械简单的任务可以交给 AI 了，人类还需要进一步提升复杂技能，还需要发挥人类的长处，多学习情感技能。

2.5.2 素能体系构成

单从就业情况看，许多高校的物流管理专业毕业生就业却不尽如人意。出现这种现象的根本原因在于，毕业生的能力和素质无法满足用人单位的需求，或者说毕业生可就业能力较弱。可就业能力指在工作情境中应用知识和技能的整体能力，其不仅是参与工作的基本要求，也是有效参与今后教育和生活的基础。可就业能力具体包括基本技能、业务实操技能、人际团队技能、自我开发技能等四类关键技能，以及正直可靠、勤奋上进、适应开放、自信主动和敬业奉献五类个人特质。企业在招聘时，都会提出相应的条件和要求。换言之，企业要求学生具备特定的素能。

知识本位人才培养理念重视对学科逻辑和内容的传承，是传统的教育理念，它虽然保留了教育的基础特征，但是却走入了将教育概念狭隘化的误区，产生了"授人以鱼"而非"授人以渔"的不良后果。物流业作为新兴服务业，涉及领域广、影响大，其发展与经济增长互为因果、相互促进。目前，一方面，物流业正从单一的运输和仓储业务向全方位、多层次、一体化的大物流服务和电商快递的散货物流服务转变；另一方面，信息技术使物流业向低碳化、网络化、智能化方向发展，标志着现代物流业始终处于运行模式不断创新、管理方式不断提升和人才能力素质要求不断提高的动态变化与发展之中。物流专业人才的能力体系分解是一个复杂的过程，虽为服务行业，却与生产关系密切，囊括运输、装卸、仓储、配送、信息技术以及包装等多种工作内容。因此，"宽口径、厚基础、细方向"为素能体系构建原则。

在构建素能体系之前，先明确三个关键词：技能、能力、素能。技能（skills）包括一般性的、与所处环境不相关的知识，是一般性的工具和规则，可以通过物流课程的教学获取。技能对实际从业者是极其重要的。能力（competence）是指基于经验基础的、与所处环境相关的技能。能力又常被认为是胜任力，不仅是岗位能力，更应是工作适应能力；不仅是专业能力，也是综合能力；不仅是就业能力，也是一定的创业能力；不仅是操作性技能，也是创造性技能。素能（Mastery）是指素养和能力的综合，素养侧重于认知、格局、思维、艺术、人文和伦理等。

2008 年，教育部高等学校物流类专业教学指导委员会制定了《关于物流管理本科专业培养方案的指导意见（试行）》（教高司函〔2008〕152 号），规定了以下基本目标：物流管理本科专业培养适应我国社会经济发展需要，以管理学科为理论基础，经济、管理、工学学科相互渗透，德智体美全面发展，具有较高的思想道德和文化修养，具有较好的创新精神和实践能力，具有坚实的外语、数学、计算机基础，具有扎实的经济、管理、信息、系统科学及相关学科理论基础，熟悉物流管理相关法规，掌握系统的供应链及物流管理理论知识，能够从事物流系统优化、物流业务运作及物流管理的复合型物流管理人才。

从前面对素能培养体系的演化看，许多组织都提出了能力和核心素养要求，这些核心素养既包括特定学科领域的素养，也包括跨领域的通用素养。尽管这些素养体系存在具体细节上的差异，但是与传统的能力要求相比，这些框架都有两个方面的鲜明特征：一是在认知技能方面突破传统，强调批判性思维、创新、问题解决和信息素养；二是重视人际交往技能和自我管理技能这两种"软技能"，包括沟通合作能力、会学习、终身学习、自我认识和自我调控、公民责任和社会参与等。

无论是培养创新型杰出人才还是常规人才，都要进行能力训练，而学校教育的最重要任务就是要培养学生的各种能力。我们再来看看当前物流管理大学生普遍存在的情形：

情形1：大多数学生学习都很勤奋刻苦，他们也很听话。老师布置的任何作业他们都会尽全力完成。然而，他们只是把教师告诉他们的或者书上的写下来，他们太习惯于复述别人的观点，却不能说出自己的想法、形成自己的观点。

情形2：大多数学生很乖，习惯以考试成绩高低论优劣，喜欢"静静地"坐在那里听，很少主动提问，善于总结，但不善于批评、分析和提出与众不同的观点。

情形3：大多数学生喜欢不说话，教师无法确定他们是否听懂了所讲内容。

……

根据前文论述，笔者在实际教学实践过程的基础上，提出了物流管理人才的素能体系，如图2-11所示。

图2-11所示的物流管理人才素能体系的具体组成内容见表2-6。

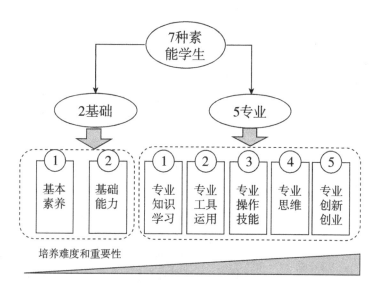

图 2-11 物流管理人才素能体系

表 2-6 素能体系具体内容

项目	类别	说明
基本素养	核心价值观	富强、民主、文明、和谐，自由、平等、公正、法治，爱国、敬业、诚信、友善
	身体素质	良好的力量、速度、耐力、灵敏、柔韧等机能
	行为习惯	积极主动、以终为始、要事第一、统合综效、不断更新，勤奋上进
	心理素质	适应复杂环境，逆境管理，情绪管理，能够承受工作压力，自信
	吃苦耐劳	物流管理不同于会计、金融等在办公室完成的工作，它需要到作业现场安排调度、了解进程、过程控制，而物流作业现场的工作环境比较差，仓库、冷库等场地的条件不好，吃苦精神对于物流专业的学生显得尤为重要。面对事务杂、任务重的工作性质，不怕吃苦，不讲条件，主动出击，敬业奉献
	礼仪礼节	仪容、仪表、仪态、仪式、言谈举止等方面
	职业素养	责任心、认真、勤奋努力、踏实稳重、原则性、富有工作激情
	专业素养	效果、效能、效益、效率

项目	类别	说明
基础能力	沟通能力	沟通能力主要包括人与人的交流以及人与机器的交流。这要求学生首先具备能够提高阅读和理解工作要求以及及时做出工作反馈的能力，同时具有及时与其他岗位人员分享物流信息的意识，在工作过程中能快速识别和解读物流信号。物流作业系统纷繁复杂，各岗位之间的衔接直接影响着作业运作效率，沟通能力是所有技能要求中最基本的能力
	谈判能力	智慧能力、自控能力、推理能力等
	提问能力	把阅读从静态的、单向的交流变为动态的、双向的交流，是一个深度理解的过程。提出问题的过程，可以思考所读内容的表达是否清楚明白，是否符合逻辑，是否还有其他更为恰当的传递信息的方法
	发现问题的能力	包括问题意识（对事物可疑之处充满敏感）和对问题的表述能力（准确表述为疑问句）
	问题处理能力	异常事故的处理能力是衡量物流人才的重要指标之一。在市场瞬息万变的情况下，市场对物流服务的需求呈现出一定的波动性，同时物流作业环节多、程序杂、缺乏行业标准，意外事故时有发生。在可利用资源有限的情况下，既能保证常规作业的执行，又能从容面对突发事件的处理和突如其来的附加任务的执行。具体包括处理异常事故的能力、具备随时准备应急作业的意识以及对资源、时间的合理分配和充分使用的能力
	语言能力	一是日常语言。准确、清楚、条理、精练地表达一件事情与自己的看法，包括日常语言的口头表达、书面写作、常用文牍的写作。二是文学语言训练。掌握一些基本的文学写作技巧，能用文学语言创作一些简单的作品。三是学术语言训练。严格、系统、准确、清楚、精练地表达自己的观点，并将理由组织为一个系统，知道写简单学术论文所需要的语言风格
	外语能力	能够熟练阅读理解物流设备的安装使用说明和在从事物流业务中所必备的外语知识；具备一定的专业外语口语和阅读、书写外贸函电的能力
	写作能力	专业术语运用、应用文写作、科技论文写作

项目	类别	说明
基础能力	逻辑思维能力	一体化物流过程中存在多个环节，任何一个环节出现问题，轻则可能增加企业不必要的费用支出，造成企业的经济损失，重则可能导致物流服务中断，造成客户更大的损失，引起法律纠纷和大数额的索赔。严谨周密的系统思维能力至关重要
	自我管理能力	对环境分析与适应，充分计划和利用时间
	团队合作能力	明确自己在服务供应链中的个体任务和目标，自觉地以系统的终极目标来约束自己的行为，通过与团队成员的不断交流和沟通来实现流程任务中的全面协同。管理团队时，能够协调团队内活动并解决冲突，掌握激励他人、处理好团队成员之间关系的能力。具体包括团队意识、沟通交流能力、合作能力、团队管理能力
	办公软件运用能力	常用办公软件运用能力
	管理能力	计划、组织、协调、执行、风险控制能力
	领导能力	格局、视野、胸怀
专业知识学习能力——能学	主动学习能力	对物流生态圈有全局观，有敏感性，有好奇心，并通过越来越发达的互联网信息平台与物流生态圈公共平台，接触自己感兴趣的社会化物流领域，了解其中的物流政策、企业、人物、模式、流程与解决方案，甚至面临的问题与挑战
	动态学习能力	养成终生学习的能力与习惯，以适应和胜任多变的职业领域
	开放式学习能力	知识和素材的整合能力
	探索式学习能力	掌握文献检索、资料查询的基本方法，具有较强的知识获取能力
专业工具运用能力——能用	战略管理工具	SWOT、波特模型、波士顿矩阵等
	绩效评价工具	SMART、平衡计分卡、标杆管理等
	仓库管理工具	仓库审计、5S、ABC、WMS 等
	运输管理工具	运输中排放、计算公式、TMS 等
	库存管理工具	ABC、EOQ、VMI、CMI 等
	供应链管理工具	ERP、CPFR、SCRM、外包决策模型、SCOR 等
	财务管理工具	TDABC、EVA、价值树、杜邦分析等
	综合管理工具	决策矩阵、PDCA、因果分析、CPM 等

项目	类别	说明
专业操作技能（物流活动）——能干	物流市场调研与开发能力	制订和实施调研方案、数据统计和分析、市场预测、市场开发、SPSS 软件运用、客户关系管理
	信息处理能力	信息收集、信息处理、信息利用等方面的知识。专业的物流信息技术物流信息管理、条形码应用（BAR - CODING）、无线射频（RFID）技术应用、POS 系统设备选用、全球定位系统设备选用、地理信息系统（GIS）在物流系统中的应用、电子数据交换（EDI）等物流信息技术的应用
	运输管理能力	运输系统的组成、公路运输、水路运输、铁路联运、航空运输的运单填制、国际多式联运的运作流程、运输企业的组织与管理绩效的评价
	仓储管理能力	仓库选址、仓库出入库管理、物品在库管理与库存控制、仓储设备操作与信息化管理、物品配送管理
	配送管理能力	配送系统的组成、配送基本运作、配送运作组织流程、配送企业的组织与管理绩效的评价
	企业物流管理能力	企业平面布局、采购与供应物流管理、生产物流管理、销售物流管理、回收物流管理、企业物流规划与设计
	国际物流管理能力	国际物流运输单证及进出口贸易管理、国际货物运输管理、口岸与海关通关、国际物流保险、商品检验和检疫、国际物流信息系统
	包装管理能力	包装的作用，包装的材料选择，包装的形式设计，包装成本的计算等
	供应链管理能力	供应链设计、评价、协调和风险管理等能力
专业思维能力（从专业角度解决专业问题）——能想	物流系统构思	能从物流服务供应链的系统视角出发，进行总体的构思和局部项目的设计，能够厘清服务供应链中物流、商流、资金流和信息流的相互作用和影响关系。具体包括物流系统目标确定能力和物流系统建模能力
	物流系统分析能力	了解物流企业诊断和调查的基本流程和方法，针对所收集的信息和资料的讨论与整理，掌握特征分析、趋势分析、假设检验等定性和定量分析方法，并能对具有相似性的系统案例进行归纳和分类。具体包括定性分析能力和定量分析能力

项目	类别	说明
专业思维能力（从专业角度解决专业问题）——能想	物流系统设计	了解物流系统中流体、载体、流量、流速、流程等构成要素的相互作用关系，能够对物流系统进行合理的规划，对物流系统存在的问题做出准确的诊断，并能进行简单的物流系统设计。具体包括物流专业知识应用能力、跨学科知识应用能力、物流系统诊断能力、物流系统综合设计能力
	物流系统实施	随时根据客户的需求进行物流系统的改进和调整。具体包括物流系统软硬件整合能力、物流系统调试能力、设计实施过程管理能力
	物流系统运行	需要专业技术人员具有与时俱进的学习能力和为客户提供基于产品生命周期服务的职业素养和意识。具体包括物流系统优化能力、物流系统开发及培训能力、基于物流系统服务生命周期的客户服务意识
专业创新创业能力——能闯	商业前瞻能力	具有良好的市场意识、敏锐的商业眼光
	研究能力	文献检索能力、资料整理能力、归纳能力等
	创新能力	自主能力、认知能力等
	批判性思维能力	质疑（probing questioning）、反省（reflective thinking）、知识领会（comprehension）、应用、分析、综合和评估
	就业能力	找到工作的能力，还包括持续完成工作、实现良好职业生涯发展的能力
	创业能力	创新创意能力，包括具有新构想、新创意。机会能力，包括识别机会、问题确认与解决。组建创业团队的能力。营销能力，包括辨认市场、进入市场、维持及增加市场等。创业融资能力，包括决定现金需求、辨认资金来源及种类等。领导力，包括感召团队、企业策划、政府关系等。管理成长中企业的能力，包括建立企业愿景、招募人才、组织与监控实施、处理危机等。商业才智，包括价格功能、利润及风险的辨识

2.5.3　素能标准

根据前文分析，物流管理人才是分层次的，同样的素能在不同层次人才的实际工作中的体现也是不同的。为了更好地跟踪物流管理类人才素能提升进程，特设计以下素能标准，见表 2-7。

表 2-7　素能标准（部分）

	基础	中级	高级	专家级	领袖级
素能种类	基本了解，需要通过自身的行动，负责实施和实现成果，而不是通过他人的行动	对总体业务运营和衡量具备中等程度的了解	对组织的环境、当前战略地位和方向具备深入了解，同时具备强有力的分析技巧	需要专家级知识，从而制定战略愿景，为组织的总体方向和成功提供独特洞察力	对行业发展趋势具有极强的洞察力，能做出重大的创新
专业技能	从事具体物流作业，如货物上架、分拣、配送等	主要从事对物流运作过程的单一环节进行管理	能够对物流的各个环节起到规划、管理、控制和调节作用	具有坚实的理论功底、较强的科研能力、宽阔的专业视野，善于从战略上观察和思考问题	能从底层将物流管理和人工智能、大数据、物联网等结合起来设计业务

第3章 知识体系

机遇从来只留给有准备的人，其"准备"最主要的是指知识的积累。传统物流管理向智慧物流的转变，这已经取得广泛共识。正如前文分析，素能培养理应作为智慧物流下物流管理人才培养的中心，彻底地转向"会学""会想""会写""会说"等。但是，素能的形成基础是知识。我们不能走向极端，认为素能培养就是抛弃知识的学习，一味地强调"技能"。"唯有源头活水来"，知识正是素能的源头。

3.1 物流转型发展对人才培养的新要求

3.1.1 物流转型发展的具体内涵

物流是国民经济的动脉系统，物流业正在成为各企业、各地区乃至国家新的经济增长点。就一般的意义而言，传统物流一般指产品出厂后的包装、运输、装卸、仓储等活动，这些活动分散在不同的经济部门、不同的企业以及企业组织内部不同的职能部门之中。随着新兴技术的应用，物流产业正在经历从传统的物流服务向高端的现代物流服务的方向发展。现代物流则是以现代信息技术为基础，整合运输、包装、装卸、搬运、发货、仓储、流通加工、配送、回收以及物流信息处理等各种功能而形成的综合性物流活动模式。现代物流过程中资源整合、优势互补、物流一体化、分工协作的产业链条，是一个以供应链为核心的物流集成系统。显然，传统物流是以企业的生产制造过程即产品生产为价值取向的，现代物流则是以企业的客户服务为价值取向的，因而更加强调物流运作的客户服务导向性，这就是传统物流与现代物流的根本区别所在。相对于传统物流而言，现代物流的核心理念有两点：一是客户服务；二是强调运输、仓储方式的集成化运作。现代物流的核心就是服务的高端化。

高端物流以供应链一体化作为竞争手段，突出"高端品质"的服务流程。物流高端化，强调的是物流服务行业从传统的单个物流环节的提供商发展到整合的物流服务提供商。正如第 1 章所言，物流高端化包含以下具体内容，如图 3 - 1 所示。

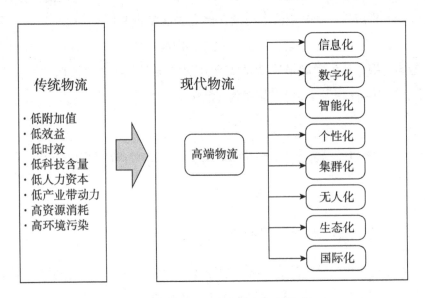

图 3 - 1　传统物流向现代物流的转变

高端物流服务不是目的而是手段，对于企业来讲希望达到的目标是节约物流费用，从物流中挖掘最后的利润。高端物流实现"物流信息化"来支撑整个活动，要做到这一步，需要整个环境的现代信息技术的支持。因此，现代物流的首要环节就是要实现信息化。在数字经济时代，数据将成为继土地、能源之后最重要的生产资料。数字物流与大数据技术息息相关，数字物流是一个信息和物流活动都数字化的全新的系统，生产企业、用户、第三方物流企业和政府之间通过网络进行的交易与信息交换将迅速增长和更加便捷。

以上物流转型发展的方向，也体现出了物流管理定义的演变方向，如图 3-2 所示。

1927年	运输和仓储						
1967年	运输和仓储+	更广范围的活动，有效性和合理化					
1976年	运输和仓储+	更广范围的活动，有效性和合理化+	整合间企业物流				
1985年	运输和仓储+	更广范围的活动，有效性和合理化+	整合间企业物流+	成本与效率，客户要求			
1992年	运输和仓储+	更广范围的活动，有效性和合理化+	整合间企业物流+	成本与效率，客户要求	服务		
2005年	运输和仓储+	更广范围的活动，有效性和合理化+	整合间企业物流+	成本与效率，客户要求	服务+	供应链管理	
2009年—	运输和仓储+	更广范围的活动，有效性和合理化+	整合间企业物流+	成本与效率，客户要求	服务+	供应链管理+	智慧物流数字物流绿色物流……

图 3-2　物流管理内涵的演变

智慧物流通过大数据、云计算、智能硬件等智慧化技术与手段，提高物流系统思维、感知、学习、分析决策和智能执行的能力，提升整个物流系统的智能化、自动化水平，从而推动中国物流的发展，降低社会物流成本、提高效率。智慧物流主要呈现以下特点：一是以消费者为中心；二是互联网思维、平台思维（开放、共享、共赢）、创新思维；三是多方面连接（市场主体连接、信息连接、设施连接、供需连接等）、多方位集成；四是跨界融合；五是数据和数字化基础设施成为新的生产要素，大数据为物流全链条、供应链赋能，成为物流企业新竞争力的关键来源；六是自动化、信息化、可视化、智能化程度较快提升；七是基于"互联网＋"与"物流＋"的生态相互融合，电子商务与物流互动互促发展；八是新分工体系，大规模社会协同。

数字物流也称为"第五方物流"，是指在商贸的实际运作中应用互联网技术去支持整个物流服务链，并且能组合相关的执行成员协同为企业的物流需求提供高效服务。数字物流是指在仿真和虚拟现实、计算智能、计算机网络、数据库、多媒体和信息等支撑技术的支持下，应用数字技术对物流所涉及的对象和活动进行表达、处理和控制，具有信息化、网络化、智能化、集成化和可视化等特征的技术系统。此处的数字技术是指以计算机硬件、软件、信息存储、通信协议、周边设备和互联网络等为技术手段，以信息科学为理论基础，包括信息离散化表述、扫描、处理、存储、传递、传感、执行、物化、支持、集成和联网等领域的科学技术集合。数字物流实际上就是对物流的整个过程进行数字化的描述，从而使物流系统更高效、可靠地处理复杂问题，为人们提供方便、快捷的物流服务，表现物流体系的精确、及时和高效特征，进而达到"物流操作数字化、物流商务电子化、物流经营网络化"。

绿色物流（Environmental logistics）是指在物流过程中抑制物流对环境造成危害的同时，实现对物流环境的净化，使物流资源得到最充分利用。它包括物流作业环节和物流管理全过程的绿色化。从物流作业环节来看，包括绿色运输、绿色包装、绿色流通加工等。从物流管理过程来看，主要是从环境保护和节约资源的目标出发，改进物流体系，既要考虑正向物流环节的绿色化，又要考虑供应链上的逆向物流体系的绿色化。绿色物流的最终目标是可持续性发展，实现该目标的准则是经济利益、社会利益和环境利益的统一。

3.1.2 新型物流管理人才的具体体现

我国在物流教育方面，很多时候只注重单一的技能训练，图3-3展示了我国物流管理人才类型的演变过程。

1927年	运输和仓储							物流操作
1967年	运输和仓储+	更广范围的活动,有效性和合理化						物流操作+物流设计
1976年	运输和仓储+	更广范围的活动,有效性和合理化+	整合间企业物流					物流操作技能+物流设计与规划+物流系统规划
1985年	运输和仓储+	更广范围的活动,有效性和合理化+	整合间企业物流+	成本与效率,客户要求				物流操作技能+物流设计与规划+物流系统规划+运营管理
1992年	运输和仓储+	更广范围的活动,有效性和合理化+	整合间企业物流+	成本与效率,客户要求	服务			物流操作技能+物流设计与规划+物流系统规划+运营管理+客户关系管理
2005年	运输和仓储+	更广范围的活动,有效性和合理化+	整合间企业物流+	成本与效率,客户要求	服务	供应链管理		物流操作技能+物流设计与规划+物流系统规划+运营管理+客户关系管理+流程管理+信息管理+协调和沟通技能
2009年—	运输和仓储+	更广范围的活动,有效性和合理化+	整合间企业物流+	成本与效率,客户要求	服务+	供应链管理+	智慧物流、数字物流、绿色物流……	多领域、多学科、多素能的复合型人才,多"流"合一整合型人才,多"商"合一的行业领袖

图 3 - 3　物流管理人才类型演变过程

就国内物流企业向现代化物流转型成败而言,物流专业人才显得尤为重要。物流管理者必须对每一个物流环节都有足够的了解,不仅是运输专家,还应熟知财务、市场营销和采购等工作环节,必须具备对物流诸环节进行协调的能力。现代物流更加要求物流管理者具有创新意识,包括知识创新和服务创新,用创新为企业提供技术支持,保证顾客服务在本行业中的领先地位,利用创新来产生良好的用人机制,保障国内物流企业在激烈的市场竞争中立于不败之地。

根据图 3 - 3,可以设计出不同物流管理人才的需求清单,见表 3 - 1。

表3-1 物流人才需求清单

类型		物流人才需求清单
传统物流		从事具体物流作业,如货物上架、分拣、配送等,随着先进机械设备和信息技术在现代物流中的广泛应用,传统物流将逐步退出历史舞台
现代物流	复合型人才	·移动支付、移动金融、人工智能、大数据、云计算 ·物流大数据怎么产生,怎么才能获取到物流大数据 ·用什么技术及工具来处理和驾驭物流大数据 ·怎么从物流大数据中挖掘出价值,让大数据为经济活动服务 ·OMS(物流订单管理系统) ·TMS(运输管理系统) ·WMS(仓储管理系统) ·BMS(物流财务控制系统) ·ROS(路径优化系统) ·LRCS(多类型物流机器人控制系统) ·TCS(车货交易系统) ·物流链云平台
	整合型人才	既懂物流理论,又有实践经验;既能进行物流管理,又具有一定物流技术专长;既具备现代经济头脑,又善于开拓进取。物流综合管理、物流规划设计、物流系统操作的人才,城市物流解决方案、第三方物流流程再造、供应链物流结构分析的人才以及能把储存、运输、装卸搬运、包装、货代、通关、金融、保险、电子商务等多项工作融合到现代物流中去的人才
	领袖型人才	对行业发展趋势具有极强的洞察力,能做出重大的创新

中国物流业的发展历史悠久,舟、车、常平仓、广惠仓、驿站等运输和仓储要素齐全,更开辟了丝绸之路、京杭大运河等著名商贸交流之路,为现代化物流的诞生奠定了基础。但古代物流仅是单一环节的管理,我国真正意义上的运仓配一体的标准化现代物流模式起步于20世纪90年代:邓小平的南方谈话进一步深化了改革开放,给我国物流业发展带来蓬勃活力。加上20世纪90年代末东南亚金融危机的爆发,使我们对物流业发展的重要性有了切身体会,开始由理论转向实战,探索实际的运行操作。进

入 21 世纪，政策环境利好，运力网络大规模覆盖、信息平台建设迅速推进，我国物流业进入了飞速发展的成长期（如图 3 - 4 所示），这也意味着，机遇与挑战并存将是贯穿这一时期的鲜明主题。

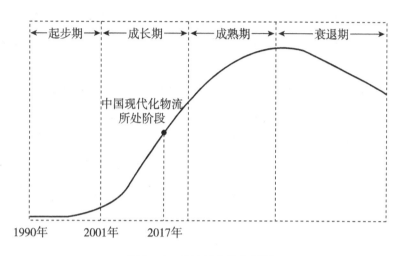

图 3 - 4　物流行业生命周期

3.1.3　物流管理人才培养现状

在国外，大学通常在 Bachelor of Commerce 下设物流管理方向，一般都设在管理学院或商学院，还有的学校把这个专业开设在工业工程（Industry Engineering）和土木工程系。商学院设置的物流管理专业强调供应链管理，课程包括供应链管理技术和应用、供应链物流、战略与应用、战略采购与供应链管理，也包括相关的分析管理技术和方法，如仿真技术、统计学、运筹学、管理会计、人力资源管理以及法律与商业之间的交叉学科。工业工程系开设的课程包括运营规划与控制、工业物流、库存系统等。土木工程系开设的物流课程包括港口规划与管理、运输系统分析、智能交通与车辆系统、运输管理与政策、道路网络管理系统、交通流理论、地理信息系统等。

物流管理专业可以对应很多的职业，通常包括：采购与物流供应职员，主要工作内容是准备与处理订单，监控库存及货物来源，保持一定库存，记录货物在内部部门的流动情况，制定产品明细表，管理并协助公司内部的存储和分配工作；物流与派送职员，核对入库和出库记录单，准备派送货物，办理货物海关入关清单及运输，办理海关出关手续及安排货物运输船只出港；运输服务经理，主要工作内容是，购买及维护运输车辆相关装备及燃油，规划及实施运输计划，确保货物在存储和运输过程中的质量；供应与分销经理，主要工作内容是规划、组织、指导、控制及维护公司购买产品的供给、仓储及分销。

人才培养教育一般可分为学历教育与非学历教育两类。学历教育是在学校里学习基础知识、理论和实践方法，侧重基础性和知识性；非学历教育一般由社会团体、研究及企事业单位、咨询机构承担，以培训、讲座、研修等形式进行。学历教育面向在校生，主要是完成学业，学习课程系统性较强，学习时间较长；非学历教育面向在职人员，侧重人员的培养训练，重点放在专业技术水平的提高以及职业资格认证、职级晋升等。

2002年8月，中国物流与采购联合会又在大连海事大学组织召开了"第二届全国高校物流教学研讨会"，参会高校达40多所，比第一届会议增加了25%，说明高校对物流人才教育的极大关注和高涨热情。2002年11月，教育部在北京交通大学举办了"全国高校物流管理专业教学与课程建设培训班"，参加培训班的有200多所大专院校，教师人数达300多名。为了加强物流专业紧缺人才培养培训工作，2005年11月21日，教育部批准成立了全国中等职业教育物流专业教学指导委员会。为了推动物流类专业的健康发展，提高物流人才培养质量，2006年4月，我国高等教育史上第一个物流类专业教学指导委员会，即2006—2010年教育部高等学校物流类专业教学指导委员会正式成立。

我国物流高等教育在专业设置上主要采取两种做法：一是设立独立的专业，这一做法主要集中在本科或专科层次，基本上存在两种独立的专业，即物流管理和物流工程；二是在某一专业下面设立物流管理或物流工程方面的培养方向或者研究方向，这在博士、硕士和本科层次都存在，在专科层次较少。在博士和硕士培养阶段主要在管理学门类中的两个一级学科"管理科学与工程"和"工商管理"下面设立物流管理或者物流工程方面的培养方向或者研究方向，或者在工学门类的一级学科"交通运输"下面设立物流管理或者物流工程方面的培养方向或者研究方向。同时，在国家教育部现行的本科专业目录中，在管理学门类的一级学科"工商管理"下的二级学科"市场营销"中设有"物流管理"方向，所以有部分高校仍然按此设立物流管理专业方向。除了设立专门的物流专业方向外，许多设有交通、财经、管理类学科或专业的大学现在也普遍在非物流专业安排讲授物流相关课程。

清华大学将物流工程设为工业工程的一个研究分支，本科阶段以"工业工程"专业招生。在"管理科学与工程"一级学科下，设有"物流工程与管理"研究生培养二级学科。在确定人才培养目标时，注重与世界一流大学接轨，广泛开展国际、国内合作，聘请国内外工业工程界的著名学者、教授来校任教、授课或开展合作研究，参照世界一流大学的培养体系建立自己的培养方案，直接选用国际一流大学工业工程专业使用的外文教材，进行双语或英语授课。学生毕业授予工学学士学位。本科学制为 4 年，实行学分制和"本—硕"贯通培养，大多数学生在六年半左右的时间内完成学士和硕士学位。其中一部分优秀学生可直接攻读博士学位。本科阶段主要专业课程包括：运筹学、物流分析与设施规划、供应链管理、应用统计学等。

北京科技大学于 2003 年在机械工程学院下设"物流工程系"，主要培养具备现代工业工程和系统管理等方面的知识、素质和能力，能在工商企业从事生产、经营、服务等管理系统的规划、设计、评价和创新等工作的高等工程技术人才。学制为 4 年，本科生毕业授予工学学士学位。学校在管理科学与工程学科下设"物流工程"硕士点，在机械工程专业下招收"物流工程"博士生。本科阶段主要课程包括：机械设计与制图、机械制造工程基础、应用运筹学、系统工程、基础工业工程（双语）、物流基础、物流技术装备、设施规划与设计与工程项目管理等。

对外经济贸易大学在国际经济贸易学院下设国际运输与物流系，为经济学专业下的运输经济与物流方向，主要培养掌握国际运输的基本理论和基本技能，从事国际物流操作的人才。培养过程中注重让学生利用外经贸的特殊背景，使学生掌握海、陆、空运和多式联运等具体操作环节。学制为 4 年。学生毕业授予经济学学士学位。主要课程包括：微观经济学、宏观经济学、国际经济学、国际运输与物流管理、国际海上运输、采购学原理、运输经济学、国际陆空运输等。

近年来，随着物流产业的不断繁荣，我国开设物流专业的大学越来越多，见表 3 - 2。

表 3 - 2　2001—2017 年教育部公布高等学校物流专业设置情况

年度	数量	物流管理		物流工程	
		数量	学校	数量	学校
2001	8	6	北京交通大学、北京工商大学、哈尔滨商业大学、同济大学、西华大学、长安大学	2	大连海事大学、武汉理工大学
2002	38	30	北京航空航天大学、中国民用航空学院、河北经贸大学、沈阳工业大学、东北财经大学、东华大学、上海海运学院、上海对外贸易学院、华东船舶工业学院、浙江大学、宁波大学、安徽大学、安徽财经大学、华侨大学、江西财经大学、中国海洋大学、山东财政学院、郑州工程学院、郑州航空工业管理学院、武汉大学、武汉理工大学、中南财经政法大学、中山大学、暨南大学、广东工业大学、广东技术师范学院、广东外语外贸大学、广东商学院、重庆交通学院、重庆工商大学	8	大连大学、沈阳建筑工程学院、同济大学、山东大学、山东交通学院、长沙理工大学、华南理工大学、西南交通大学
2003	47	36	北京师范大学、大连理工大学、华东理工大学、东南大学、山东大学、华中科技大学、西南财经大学、中国民用航空飞行学院、首都经济贸易大学、天津师范大学、石家庄经济学院、山西大学、山西财经大学、内蒙古财经学院、沈阳工程学院、长春大学、上海大学、上海水产大学、上海第二工业大学、南京财经大学、杭州电子工业学院、杭州工商大学、华东交通大学、青岛大学、山东经济学院、郑州大学、河南财经学院、武汉科技学院、湖南商学院、广州大学、重庆工学院、成都信息工程学院、贵州财经学院、云南财贸学院、西安邮电学院、兰州交通大学	11	北京邮电大学、天津大学、大连理工大学、吉林大学、南京农业大学、北京物资学院、辽宁工学院、上海海运学院、安徽工业大学、中南林学院、广西大学

续表

年度	数量	物流管理		物流工程	
		数量	学校	数量	学校
2004	43	34	中央财经大学、南开大学、天津财经大学、石家庄铁道大学、大连海事大学、大连轻工业学院、渤海大学、吉林建筑工程学院、长春税务学院、黑龙江八一农垦大学、哈尔滨师范大学、上海财经大学、江苏工业学院、南京信息工程大学、浙江万里学院、浙江财经学院、安徽工程科技学院、福州大学、福建农林大学、集美大学、赣南师范学院、山东科技大学、青岛科技大学、青岛理工大学、山东工商学院、郑州轻工业学院、武汉工业学院、湖南工程学院、惠州学院、深圳大学、广西工学院、广西财经学院、攀枝花学院、延安大学西安创新学院	9	北京科技大学、天津科技大学、河北科技大学、太原科技大学、沈阳工业大学、东北林业大学、浙江科技学院、长安大学、陕西科技大学
2005	43	39	江南大学、天津理工大学、天津工程师范学院、河北农业大学、北京化工大学北方学院、太原理工大学、辽宁对外经贸学院、上海工程技术大学、上海商学院、上海师范大学天华学院、盐城工学院、南通大学、常州工学院、浙江海洋学院、温州师范学院城市学院、阜阳师范学院、安庆师范学院、安徽科技学院、福建工程学院、厦门理工学院、仰恩大学、东华理工学院、南昌大学、江西财经大学现代经济管理学院、莱阳农学院、临沂师范学院、南阳师范学院、长江大学、湖北经济学院、三峡大学、武汉理工大学华夏学院、怀化学院、广东工业大学华立学院、东莞理工学院城市学院、广西师范学院、广西民族大学、成都理工大学、贵州大学、兰州商学院	4	成都信息工程学院、安徽农业大学、浙江工业大学、北京邮电大学世纪学院

续表

年度	数量	物流管理		物流工程	
		数量	学校	数量	学校
2006	43	38	对外经济贸易大学、重庆大学、天津商学院、北华航天工业学院、唐山师范学院、河北科技师范学院、河北农业大学现代科技学院、沈阳航空工业学院、沈阳理工大学应用技术学院、长春大学旅游学院、佳木斯大学、上海电力学院、上海金融学院、苏州科技学院、徐州师范大学、浙江财经学院东方学院、浙江海洋学院东海科学技术学院、安徽财经大学商学院、福建师范大学协和学院、集美大学诚毅学院、福州大学至诚学院、南昌大学科学技术学院、华东交通大学理工学院、东华理工学院长江学院、山东建筑大学、曲阜师范大学、菏泽学院、烟台南山学院、中国海洋大学青岛学院、黄河科技学院、武汉科技大学城市学院、长沙学院、中南林业科技大学、钦州学院、广西民族大学相思湖学院、重庆工商大学融智学院、绵阳师范学院、成都理工大学工程技术学院	5	安徽农业大学经济技术学院、淮阴工学院、沈阳建筑大学城市建设学院、东北大学东软信息学院、天津大学仁爱学院
2007	25	20	西南交通大学、上海海关学院、山西财经大学华商学院、内蒙古工业大学、长春工业大学人文信息学院、长春税务学院信息经济学院、上海建桥学院、苏州大学、淮海工学院、合肥学院、铜陵学院、安徽大学江淮学院、福建农林大学东方学院、九江学院、三峡大学科技学院、广州大学华软软件学院、云南大学、红河学院、西安培华学院、新疆财经大学	5	河北理工大学、哈尔滨商业大学、上海电机学院、上海水产大学、华南理工大学广州汽车学院

年度	数量	物流管理		物流工程	
		数量	学校	数量	学校
2008	31	28	河北师范大学、北华大学、绥化学院、盐城师范学院、杭州电子科技大学信息工程学院、皖西学院、景德镇陶瓷学院、山东师范大学、华北水利水电学院、河南农业大学华豫学院、湖北第二师范学院、武汉科技大学中南分校、湖北工业大学商贸学院、湖南科技大学、湖南涉外经济学院、华南农业大学、广东药学院、广东白云学院、桂林理工大学、琼州学院、西南科技大学、昆明理工大学津桥学院、西安翻译学院、西安财经学院、西安欧亚学院、兰州商学院陇桥学院、兰州商学院长青学院、新疆大学	3	南华大学、鲁东大学、东北农业大学
2009	36	31	华北电力大学、合肥工业大学、西南大学、北京联合大学、河北金融学院、辽宁中医药大学、吉林工商学院、齐齐哈尔大学、黑河学院、江苏大学京江学院、南京审计学院金审学院、湖州师范学院求真学院、安徽师范大学、安徽新华学院、泉州师范学院、江西理工大学、江西蓝天学院、山东财政学院东方学院、安阳师范学院人文管理学院、襄樊学院、湖北汽车工业学院、中南民族大学工商学院、广东培正学院、华南师范大学增城学院、中山大学新华学院、海南大学、宜宾学院、黔南民族师范学院、贵阳学院、西安交通大学城市学院、宁夏大学新华学院	5	河北理工大学轻工学院、黑龙江工程学院、徐州工程学院、云南财经大学、新疆大学科学技术学院

年度	数量	物流管理		物流工程	
		数量	学校	数量	学校
2010	32	26	北方民族大学、天津农学院、运城学院、哈尔滨德强商务学院、哈尔滨商业大学广厦学院、金陵科技学院、南京晓庄学院、南京审计学院、苏州大学应用技术学院、浙江树人学院、绍兴文理学院元培学院、淮北师范大学、安徽师范大学皖江学院、武夷学院、江西农业大学南昌商学院、聊城大学、山东英才学院、青岛农业大学海都学院、江汉大学、湖北工业大学工程技术学院、湖北经济学院法商学院、衡阳师范学院、中山大学南方学院、广西师范大学、重庆师范大学涉外商贸学院、渭南师范学院	6	邯郸学院、苏州科技学院天平学院、安徽工程大学、武汉科技大学、海南大学、海南大学三亚学院
2011	13	9	北京化工大学、赤峰学院、黑龙江东方学院、福州外语外贸学院、青岛理工大学琴岛学院、武汉科技大学、广西民族师范学院、四川外语学院、西京学院	4	北京交通大学、石家庄学院、福州大学、广西工学院
2012	50	40	北京印刷学院、北京石油化工学院、天津科技大学、天津理工大学中环信息学院、河北科技学院、山西农业大学、山西农业大学信息学院、渤海大学文理学院、南京邮电大学、常州大学怀德学院、杭州师范大学、安徽外国语学院、三明学院、福建江夏学院、江西科技师范大学、泰山学院、山东协和学院、青岛滨海学院、商丘师范学院、新乡学院、河南理工大学万方科技学院、河南科技学院新科学院、湖北中医药大学、武汉生物工程学院、湖北汽车工业学院科技学院、中国地质大学江城学院、华中农业大学楚天学院、湖南工学院、湖南女子学院、广东金融学院、广东科技学院、海口经济学院、重庆邮电大学、重庆第二师范学院、西南大学育才学院、云南中医学院、云南师范大学商学院、陕西服装工程学院、宁夏大学、新疆农业大学科学技术学院	10	中国民用航空飞行学院、太原科技大学华科学院、安徽三联学院、南昌工学院、武汉工业学院、湖北经济学院、湖南工学院、桂林航天工业学院、成都信息工程学院银杏酒店管理学院、新疆工程学院

年度	数量	物流管理		物流工程	
		数量	学校	数量	学校
2013	31	25	西南民族大学、廊坊师范学院、邢台学院、辽宁石油化工大学、牡丹江医学院、南京工程学院、南京邮电大学通达学院、嘉兴学院、宁波大红鹰学院、安徽文达信息工程学院、闽南理工学院、景德镇学院、山东万杰医学院、洛阳师范学院、中原工学院信息商务学院、湖北理工学院、湖北师范学院文理学院、湘南学院、衡阳师范学院南岳学院、北京理工大学珠海学院、成都东软学院、文山学院、西安科技大学、西北师范大学、塔里木大学	6	沈阳工学院、吉林化工学院、淮南师范学院、福建农林大学、武汉长江工商学院、湖北经济学院法商学院
2014	34	24	东北师范大学、山西大同大学、白城师范学院、常熟理工学院、三江学院、泰州学院、南京航空航天大学金城学院、江苏师范大学科文学院、浙江科技学院、浙江越秀外国语学院、潍坊学院、山东管理学院、河南大学、信阳农林学院、安阳工学院、河南工程学院、郑州科技学院、郑州工业应用技术学院、汉口学院、湖北大学知行学院、湖南财政经济学院、湖南应用技术学院、华南农业大学珠江学院、广东理工学院	10	河北科技大学理工学院、太原学院、辽宁理工学院、南京林业大学、宁波工程学院、蚌埠学院、安徽新华学院、阜阳师范学院信息工程学院、闽江学院、青岛恒星科技学院
2015	34	16	唐山学院、吉林工程技术师范学院、南通大学杏林学院、淮北师范大学信息学院、福州理工学院、景德镇陶瓷学院科技艺术学院、江西师范大学科学技术学院、山东现代学院、河南科技学院、河南大学民生学院、湖南人文科技学院、湖南信息学院、广东东软学院、广西科技师范学院、桂林航天工业学院、四川文化艺术学院	18	北京印刷学院、保定学院、衡水学院、营口理工学院、哈尔滨远东理工学院、安徽科技学院、临沂大学、山东华宇工学院、中原工学院、郑州财经学院、湖北师范学院、吉林大学珠海学院、南宁学院、重庆文理学院、重庆工商大学融智学院、西华大学、内江师范学院、四川旅游学院

续表

年度	数量	物流管理		物流工程	
		数量	学校	数量	学校
2016	22	16	天津中德应用技术大学、河北大学工商学院、沈阳大学、长春理工大学光电信息学院、泉州信息工程学院、山东女子学院、河南师范大学、周口师范学院、荆楚理工学院、吉首大学张家界学院、昆明学院、滇西科技师范学院、西安工业大学、陕西国际商贸学院、陕西科技大学镐京学院、新疆大学科学技术学院	6	浙江水利水电学院、华东交通大学、韶关学院、广西师范学院、重庆工商大学派斯学院、西南科技大学城市学院
2017	23	13	太原理工大学现代科技学院、内蒙古师范大学、延边大学、池州学院、合肥学院、亳州学院、江西服装学院、河南师范大学新联学院、广州航海学院、保山学院、云南工商学院、云南经济管理学院、滇西应用技术大学	10	滁州学院、宿州学院、滨州学院、黄河交通学院、郑州工程技术学院、湖北第二师范学院、东莞理工学院、新疆农业大学、吉林大学珠海学院、桂林航天工业学院
2018	15	9	内蒙古大学、内蒙古民族大学、宿迁学院、福建商学院、豫章师范学院、郑州成功财经学院、江汉大学文理学院、汉江师范学院、咸阳师范学院	6	山西大学商务学院、大连交通大学、安徽师范大学皖江学院、商丘工学院、茅台学院、西安财经学院行知学院

资料来源：李万青．我国开设物流类专业的高等院校基本情况研究［J］．物流科技，2009，32（5）：95－98；2010—2019 年教育部陆续下发的《关于公布 2009 年度高等学校专业设置备案或审批结果的通知》和《关于公布 2010 年度高等学校专业设置备案或审批结果的通知》等文件。

2017 年，国务院办公厅发布了《关于积极推进供应链创新与应用的指导意见》。2019 年，中国有 8 所高校被教育部批准开设供应链管理专业，分别是中央财经大学、北京物资学院、保定学院、营口理工学院、上海海事大学、西交利物浦大学、武汉学院、合肥学院。当前，随着数字化技术的极速发展，供应链已搭上数字化的快车，供应链的平台化战略及智能化战略都建立在数据集中、数据分享、数据整合的基础之上。企业依靠自身掌握的大量核心数据和关键技术，打造智慧供应链，推动供应链走向数字化时代。2018 年 4 月 17 日，商务部等 8 部门发布了关于开展供应链创新与应用试点的通知，通知中重点提出，要推动供应链核心企业与商业银行、相关企业等开展合作，加强信息互通和数据共享，创新供应链金融服务和产品。因此，2018 年已成为中国供应链创新与应用元年。

数据表明，2011—2018 年教育部一共审批了物流管理专业 448 个，物流工程专业 130 个、采购管理专业 6 个、供应链管理专业 8 个，三个专业中物流管理数量最多，物流工程次之，采购管理最少。作为管理类专业的物流管理审批数量最多，说明国内高校将物流类专业主要划分在管理学科下。物流工程专业近几年审批数量有较大幅度的增长，机械化、自动化与信息化符合我国物流的发展趋势，各大院校顺应这种趋势，申请开设物流工程类专业，培养相关人才。采购管理作为最近几年才开设的高度专业化的专业，对师资力量和学科资源有较高的要求，一般院校难以满足专业开设条件，因此审批数量稀少，但是最近两年申请采购管理的院校数量有所上升，体现了这种新兴专业的发展潜力。因此，可以预估物流管理作为物流类专业的主要方向，未来依旧占据主导地位，但所占比重可能会逐渐下降；物流工程和供应链管理有较大的发展空间。按每个专业平均每年招生 50 人估算，我国高校每年培养的物流管理类人才大致在 3 万人以上。

我国物流管理人才的培养在学校教育方面推进得较好，已经初步形成了博士、硕士、本科、大专、中专层次的教育体系。北京交通大学、北京科技大学、北京物资学院、对外经贸大学、北京工商大学等设立了物流管理专业硕士点，华中科技大学、武汉大学等设立了MBA（物流方向）硕士点、博士点，北京交通大学、中山大学设置了物流管理博士点，在中南林业科技大学设置了物流工程博士点，为培养高级物流管理人才奠定了基础。2019年，西安科技大学在MBA培养层面设置了电子商务与物流管理模块。在我国，已经形成了以下物流管理人才培养格局：高职高专院校着重培养物流作业的人才，本科阶段着重培养物流环节的管理人才，研究生阶段着重培养物流系统开发和供应链整合的人才。

在物流职业教育方面，各类培训活动的组织者，有的是国家级学会、协会、联合会、研究会等社会团体，有的是正规高校或职业中专，有的是有一定名望的研究院、所或杂志社等媒体，也有的是顾问咨询机构。国家级物流行业团体，如中国物流与采购联合会、中国仓储协会、中国交通运输协会、中国机械工程学会、中国交通企业协会、中国物资储运协会、中国公路学会、中国铁道学会、中国船东协会、中国港口协会、中国民用航空协会、中国国际货运代理协会、中国船舶代理协会等都在以不同的方式培训物流专业人才。

2017年7月22日，中国物流与采购联合会与教育部高等学校物流管理与工程类专业教学指导委员会联合发布了《2016年中国物流高等教育年度报告》。根据该报告，2016年末，我国物流从业人员数为5012万人，比上年增长0.6%，占全国就业人员的6.5%。

但是，值得一提的是，也有一些高校陆续撤掉了物流管理专业，见表3-3。

表3-3　撤销物流管理专业的高校

年份	高校名称
2014	福建农林大学
2015	北京航空航天大学
2017	江南大学、沈阳工学院
2018	山西大学、太原科技大学华科学院（物流工程）、东华理工大学长江学院、衡阳师范学院

3.2　现代物流下的人才培养方案

3.2.1　传统物流下的人才培养方案

传统物流一般指产品出厂后的包装、运输、装卸、仓储，而现代物流提出了物流系统化、总体物流或综合物流管理的概念。具体来说，就是使物流向两头延伸并加入新的内涵，使社会物流与企业物流有机结合在一起，从采购物流开始，经过生产物流，再进入销售物流。与此同时，要经过包装、运输、仓储、装卸、加工配送到达用户（消费者）手中，最后还有回收物流。

现代物流与传统物流最主要的区别在于，传统物流过程中的各个环节相互割裂，没有整合。传统物流中的运输、装卸、仓储、加工等环节，由互不沟通的不同经济实体分别承担，它们之间似乎不存在利益的共生关系。因此，造成它们之间较烦琐的物流转移程序，这些程序使伴随物流的信息被人为地割裂开来。虽然这并没有影响物资的实际流动（即从生产者到用户的整个过程），但是却影响到物资流动的绩效和成本，两者的比较见表 3 - 4。

从各校的专业设置和课程设置情况来看，各高校能够结合各校特色及现有的教育资源开设物流管理或物流工程专业，并根据开设的专业设置课程。总体上呈现出以下特点：一是人才培养定位不清晰，课程教学目标不明确。不同层次高校物流管理专业人才培养定位界限不清晰，尤其独立学院的专业人才培养计划往往以母体院校专业人才培养计划为模板制定，教学计划重合度高，未根据办学定位、学生特点有针对性地设置课程体系，导致应用型人才培养的定位形同虚设，课程教学目标不明确，学生就业竞争力低。二是现行物流管理专业知识课程是按"物流功能 + 特殊行业"来构建的（见表 3 -5）。三是教育过程与实践环节脱节，实验室课程没有与实际结合起来。

表 3-4 现代物流企业和传统物流企业比较

比较项目	传统物流企业	现代物流企业
产生背景	计划经济时代物资流通需要	供应链一体化、JIT 敏捷制造等理论发展和时间需要
物流功能	一般只实现单一的物流作业环节	完成综合物流作业
物流设备	手工作业为主，落后、作业效率低下	机械化作业设备、先进，作业效率高
物流服务	局限地区间物流服务、无统一标准	参与国际间统一服务，有统一标准
信息技术	基本没有信息系统作业及信息传递全凭纸张单证	普遍应用计算机及 Internet、EDI、GPS 电子商务技术
动力	政府指令、目标驱动型	市场导向、效益驱动型
客户服务	无或甚少	多且积极
作业过程	随意性较强	标准化、格式化作业
对外界变化	反应迟钝、应变力不强	反应敏捷、能迅速做出有效反应
业务外包	无	大量
供应链上的协调性	不参与供应链整合	参与且主导供应链运营，在供应链上起着协调、整合作用

表 3-5 传统物流下的人才培养方案（专业教育部分）

教学体系	知识体系	课程性质	课程编号	课程名称	学分	学时分配 总学时	理论	实验	上机	其他	考核方式	按学期分布 1 16周	2 16周	3 16周	4 16周	5 16周	6 16周	7 16周	8 18周
专业教育	专业课	主干 必修	A2027042	现代物流学	2	32	32				考			2					
			A2027062	仓储管理	2	32	32				考				2				
			A2027082	运输管理	2	32	32				考				2				
			A2027102	配送管理	2	32	32				考				2				
			A2027122	物流系统规划与设计	3	48	48				考								3
			A2027142	供应链管理	2	32	32				考						2		
			A2027162	物流系统工程	2	32	32				考						2		

教学体系	知识体系	课程性质		课程编号	课程名称	学分	学时分配					考核方式	按学期分布							
							总学时	理论	实验	上机	其他		1 16周	2 16周	3 16周	4 16周	5 16周	6 16周	7 16周	8 18周
专业教育	专业课	非主干	必修	B2027082	采购学	2	32	32										2		2	
			选修	B2027062	专业外语	2	32	32												2	
				B2027102	国际货运代理	2	32	32												2	
				B2027122	物流信息技术与应用	2	32	32											2		
				B2027262	包装技术与工程	2	32	32													2
				以上三门课程至少选修4学分																
	专业方向	物流管理	必修	B2027142	物流园区	2	32	32				考							2		
				B2027202	港口物流	2	32	32											2		
				B2027242	集装箱多式联运	2	32	32												2	
				B2027282	物流标准化	2	32	32												2	
			选修	B2027302	物流安全管理	1	16	16												1	
				B2027322	物流经济与政策	1	16	16												1	
				B2085060	大数据分析	1	16	16												1	
				以上两门课程至少选修2学分																

3.2.2　通识教学课程比较

对于"通识教育"到底该教些什么内容，目前并没有一个专门的定论。与专业教育相比，通识教育的特点在于"无用"。近年来，这种"无用"的教育越来越被重视。一般而言，美国高校的学生在前两年可以自由并广泛地选择学科，后两年再挑选专业进行学习。"通识教育"的"通"字更重要的意义在于"融会贯通"，如果你不能调和、不能融会贯通你所学到的知识，学再多的知识也没有意义，反而让你感到矛盾和混乱。

根据前文的分析，笔者构建了可操作的通识教育体系，如图 3－5 所示。

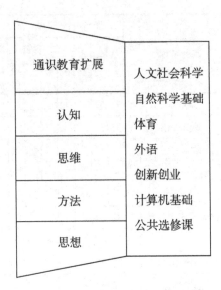

图 3-5　物流管理人才通识教育体系

在大一至大四上学期七个学期内，分别开设七门"认知与思维"方面的课程，分别是：经济与管理思想史、批判性思维、经典文献阅读与论文写作、礼仪与沟通、商业伦理与社会责任、逻辑与商务写作、战略思维与全球领导力。

3.2.3　培养方向细分

"大数据"已经被公认为是与自然资源、人力资源一样重要的战略资源。海量的数据本身并无意义，真正的意义体现在对于含有信息的数据进行专业化的处理。正是在这一点上，大数据的涌现给统计方法、计算和理论带来了巨大的挑战，也给统计学的发展带来极大的机遇。大数据与统计学及计算机科学的结合产生了现代社会发展所急需的"数据工程师"和"数据科学家"。据有关权威部门测算，近五年来中国专用数据分析人才预计缺口达几千万。

大数据已经渗透到人们生活的各个领域，如政治、经济、文化、军事等领域，对于物流业而言，既是机遇也是挑战，同时也为物流专业的人才发展指明了方向。结合互联网和物联网技术，培养大数据时代下的综合型物流人才是大势所趋。国内物流人才的短缺是事实，但并不是总量上的短缺，而是高端物流人才的短缺，也就是懂得供应链管理的综合性管理人才的短缺，行业的发展需要既懂实际操作又懂管理的实用型人才。事实也证明，很多所谓的"物流人才"在为找不到工作而发愁，而物流 IT 工程师以及物流高级经理却能拿到很高的薪水。

基于西安科技大学物流管理专业招生规模和女生比例较大的情况，在调研和分析的基础上，提出了西安科技大学物流管理专业人才培养的两个方向：智慧供应链和货运代理。智慧物流不同于传统物流和智能物流，智慧物流更加注重对云计算、大数据、物联网、智慧城市和移动互联网五大新兴技术的应用，新技术新理念引导物流产业结构转型升级，从而推动物流人才需求发生改变。智慧物流对物流人才的物流专业知识、能力和综合素质等方面提出了更新、更高以及更全面的要求。

智慧物流下专业知识体系的构建有两种思路：一是在传统物流管理下，传统物流管理功能注入智慧物流管理内容，这种融合是不彻底的；二是直接按智慧物流管理对人才培养体系进行底层架构，重新改写所有的物流管理人才培养体系、教材内容、实习实践和科研平台。

关于货运代理市场，这是一个发展十分成熟的物流市场。比较典型的市场细分是基于运输方式，包括国际货代市场（海运 + 空运 + 欧亚大陆桥）、国内货代市场（内河 + 沿海 + 空运 + 铁路 + 公路）。其中，国际货代市场与国际贸易、海关与国检等紧密相关，与国际航运的船东、航空公司以及沿线各国铁路公司紧密相关，已经形成了一套成熟的运作体系与市场生态圈。而国内货代市场，各个板块相对比较独立，内河与沿海部分基本上和国际海运货代是一体化的市场。在货运代理方向，西安科技大学物流管理专业培养方案是直接引入 FIATA 货运代理资格证书考试的全套教材，共开设 6 门专业课。

在新的课程改革下，新的专业培养方案见表 3 - 6。

表3-6 现代物流下的人才培养方案（专业教育部分）

教学体系	知识体系	课程性质		课程名称	学分	学时分配				
						总学时	理论	实验	上机	其他
专业教育	专业课	主干	必修	现代物流学	3	48	42			6
				物流管理系统分析	3	48	32			16
				运营与供应链管理	3	48	48			
				物流系统工程	3	48	32		16	
				物流系统规划与设计	3	48	32		16	
		非主干	必修	专业外语	2	32	32			
				物流信息技术与应用	2	32	32			
			选修	物流标准化	2	32	32			
				物流园区	2	32	32			
				应急物流	2	32	32			
				大宗商品物流	2	32	32			
				以上四门课程至少选修6学分						
	专业方向	专业方向：智慧物流	必修	信息系统开发与管理	2	32	26			6
				大数据和人工智能基础	2	32	26			6
				数据分析、经营与决策	2	32	26			6
				智慧物流感知技术	2	32	26			6
				智慧物流建模与仿真	2	32	26			6
				物流过程可视化	2	32	26			6
		专业方向：FIATA（货运代理）	必修	国际物流管理	2	32	32			
				国际货运代理基础知识	2	32	26			6
				国际海上货运代理理论与实务	2	32	26			6
				国际多式联运与现代物流理论与实务	2	32	26			6
				国际航空货运代理理论与实务	2	32	26			6
				国际货运代理专业英语	2	32	32			
			选修	物流管理理论与实务前沿	1	16	16			
				物流行业政策与法规	1	16	16			
				供应链金融	1	16	16			
				以上两门课程至少选修2学分						

注：其他是指第二课堂、移动课堂、网络课堂、专家课堂、企业课堂。

3.3　知识点体系

3.3.1　整体知识结构

现代物流业是一个兼有知识密集和技术密集、资本密集和劳动密集特点的外向型和增值型的服务行业，其涉及的领域十分广阔，在物流运作链上，物流、商流、信息流、资金流贯穿其中，物流企业管理与运营需要各种知识和技术水平的劳动者。

由于物流具有系统性和一体化以及跨行业、跨部门、跨地域运作的特点，同时企业面临降低成本的压力而增加对岗位多面手的需求，因此具有较为广博的知识面和具备较高综合素质的复合型人才日益受到企业的青睐。

物流人才既要懂得物流技术，又要懂得物流经济，不仅要熟悉物流管理技术，成为储存保管、运输装卸的专家，更应掌握企业供应链流程，熟悉物流信息技术系统，掌握电子商务技术，国际贸易和通关知识、仓储运输专业知识、财务成本管理知识、外语知识、安全管理知识、法律知识。随着物流人才数量的增加，企业对物流人才的需求已从数量型向素质型转变，不单纯追求人才的数量，更注重政治思想好、实践能力强、能够很快为企业带来直接或间接经济效益的、在其专业技术应用领域有较强创新能力的、有事业心、责任心、适应力强的物流人才。

笔者在教学实践的基础上提出了以下物流管理人才应具有的知识结构（如图 3 - 6 所示）：

物流管理人才的知识架构 = 格局与视野 + 懂经营管理 + 懂经济 + 会专业 + 懂英语

懂英语。在国际贸易活动中，外语的应用频率越来越高，特别是英语作为国际商务通用语言的地位已毋庸置疑，随着商流活动区域的国际化，外贸英语也被广泛应用在物流活动中的各个领域，从商务谈判、合同签订到日常沟通、单据书写等各个环节都能见到英语的影子。提高从业人员的英语水平，使其不但能够熟练使用英语与客户进行口头和书面时时准确的沟通，还要具有草拟和设计英文合同的能力。目前多数涉外物流企业在招聘作业人员时都设置了英语考试的项目。因此，无论是学校还是企业在对物流从业人员进行业务培养时都应加强英语的培训力度。

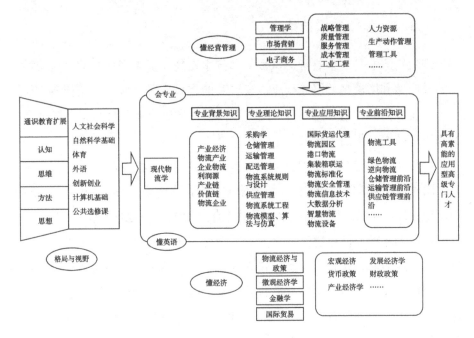

图3-6 物流管理人才的知识体系

在格局与视野方面，可以列出具体的清单供学生选择，见表3-7。

表3-7 物流管理人才格局与视野提升素材（部分）

项目	具体内容
通识教育拓展	SY-01 学习之源 习近平在哲学社会科学工作座谈会上的讲话 中共中央办公厅、国务院办公厅印发《关于实施中华优秀传统文化传承发展工程的意见》 中共中央关于推动文化大发展大繁荣的决定 中共中央、国务院关于营造企业家健康成长环境弘扬优秀企业家精神更好发挥企业家作用的意见 SY-02 领导人讲话与著作 ……

项目	具体内容
认知	国内外报刊 中外优秀杂志（清华商业评论、哈佛商业评论等） 物流与供应链管理学术期刊 心理学、美学、社会学、政治学等经典书籍 ……
思维	逆向思维 框架思维 互联网思维 系统思维 ……
方法	金字塔原理 麦肯锡方法 麦肯锡解决问题的"七步法" 快速学习方法 ……
思想	经济思想史 管理思想史 中外哲学史 城市化与文化演变 ……

3.3.2　智慧物流人才知识体系

根据前文的论述，随着大数据时代的到来，云计算和大数据技术加快向物流业渗透，通过海量的物流数据挖掘新的商业价值。物流之争在一定程度上逐渐演变为大数据技术之争。一方面，在大数据技术的支持下，人与物流设备之间、设备与设备之间形成更加密切的结合，形成一个功能庞大的智慧物流系统，实现物流管理与物流作业的自动化与智能化。今后，数据、算法和算力将是物流企业的核心资产。另一方面，现代物流企业核心竞争力的提高在很大程度上将取决于信息技术的开发和应用。物流过程同时也是一个信息流的过程，在这个过程中，货物的供需双方要随时发出各种货物供需信息，及时了解货物在途、在库状态，时时监控物流作业的执行情况，而提供服务的物流企业，也必定要有这种准确及时的处理各种信息和提供各种信息服务的能力。目前，信息技术已受到物流企业的广泛重视，并被应用在订单处理、仓库管理、货物跟踪等各个环节。作为一个合格的物流从业人员，必须熟悉现代信息技术在物流作业中的应用状况，能够综合使用这一技术提高劳动效率，并且能够在使用的过程提出建设性、可操作性的建议。因此，笔者构建了"三懂一会"的智慧物流方向下物流管理人才应该具备的知识体系（如图3-7所示）。

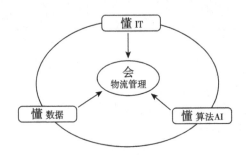

图3-7　智慧物流人才知识架构

根据图3-7，可以列出智慧物流人才的学习步骤，见表3-8。

表3-8　智慧物流人才的学习步骤

学习步骤	具体内容
统计概率基础	数据分析，行业分析，数据挖掘经典流程，数据的描述性分析，数据的推断性分析，方差分析，回归分析，多元统计等系列理论课程
编程基础	计算机基础、编程基础、面向对象、常用类、集合操作
Java Web 核心技术	Java SE，Java EE 还有 Java ME，大数据的话只需要学习 Java 标准版的 Java SE 就可以了，像 Servlet、JSP、Tomcat、Struts 等在 Java EE 方向，在大数据里面不常用到。主要学习 Java 基础增强、数据库操作、Java Web 核心、Linux 服务器、Java Web 综合项目实战
网站开发三大框架	项目构建及管理、数据库操作框架、Spring 框架、Spring MVC 框架、CRM 项目实战
互联网搜索及爬虫	单机爬虫开发、爬虫高级开发、分布式爬虫、搜索式爬虫、搜索系统技术、搜索系统框架、分布式搜索系统

学习步骤	具体内容
分布式 电商系统	电商（背景和项目需求分析、Dubbo、Angular JS、电商核心业务实现）、Nginx、Hudson，Solr Cloud，Keepalived，负载均衡，反向代理，高并发，页面静态化，Mycat 数据库分析
大数据 离线计算	基础增强，大数据平台，数据收集，数据存储，数据计算，数据管理，案例分析，数据分析，核心增强，核心提高
大数据 实时计算	实时数据存储，实时数据计算，实时数据案例，实时数据查询，推荐系统开发
大数据 内存计算	Scala 语言基础，Spark 基础，Spark SQL
机器学习基础	机器学习基础概念，机器学习决策树模型，机器学习 KNN 模型，机器学习 SVM 支持向量机，机器学习感知与 BP 神经网络
软件工具	STATA，R，MATLAB，SPSS，Hadoop，Hive，Spark SQL，Impala OLAP
数据分析建模	常用的数据分析方法（回归分析法、主成分分析法、典型相关分析、因子分析法、判别分析法、聚类分析法、结构方程、Logistic 模型等），常用的数据挖掘算法（时间序列、Panel Data、关联法则、神经网络、决策树、遗传算法）以及可视化技术
智慧物流感 知技术	感知技术的概念与发展历程，感知技术应用现状，智慧物流感知技术及应用，感知技术在智慧物流领域的应用，基于感知技术的智慧物流终端总体架构及功能设计，智慧物流终端研发与产业化应用
智慧物流 物联化 关键技术	物联化技术及基础理论，物联化关键技术及应用，智慧物流物联化业务体系与业务流程，智慧物流物联化信息平台，基于物联化技术的智慧物流信息平台架构设计，智慧物流信息资源整合与共享模式研究等
智慧物流 5G 技术	控制与转发分离技术、多元场景接入技术、移动边缘计算技术MECC、按需组网技术、大规模 MIMO 技术以及无线自组织网络MESH 技术等
智慧物流 优化算法	自动化拆零拣选系统配置优化，智慧物流平台的车辆调度优化算法，运输路径优化，配送路线优化，商业智能决策等
智慧物流 项目分析	智能分拣系统，菜鸟语音助手，物流链云平台，中国供销北方国际智慧物流港项目，苏宁云仓等

3.3.3 货运代理人才知识体系

国际货运代理协会联合会（FIATA）是一个非营利性国际货运代理的行业组织。该会于 1926 年 5 月 31 日在奥地利维也纳成立，总部现设在瑞士苏黎世，并分别在欧洲、美洲、亚太、非洲和中东四个区域设立了区域委员会，任命有地区主席。FIATA 设立目的是代表、保障和提高国际货运代理在全球的利益。该会是目前在世界范围内运输领域最大的非政府和非营利性组织，具有广泛的国际影响。其会员来自全球 161 个国家和地区的国际货运代理行业，包括 106 家协会会员和近 6000 家企业会员。

2004 年 9 月，经严格审核并认定，FIATA 总部在南非太阳城召开的 2004 年 FIATA 世界代表大会上通过了中国货代协会的申办，授权中国国际货运代理协会为中国大陆唯一有资格从事 FIATA 货运代理资格证书培训和考试的组织者。2005 年 1 月 31 日，中国国际货运代理协会和对外经济贸易大学签署了合作协议，决定在对外经济贸易大学成立 "FIATA 货运代理资格证书中国考试中心"（FIATA Diploma in Freight Forwarding China Examination Center，简称 FIATA 证书中国考试中心）。该中心在中国国际货运代理协会的指导下，负责 FIATA 证书考试的日常管理工作。对外经济贸易大学继续教育学院与远程教育学院承办考试中心各项具体工作。

在课程设置上，经 FIATA 认定的教材有：CIFA 组织编写的《国际货运代理基础知识》《国际海上货运代理理论与实务》《国际多式联运与现代物流理论与实务》《国际航空货运代理理论与实务》《国际货运代理专业英语》。

第4章 教学体系

前沿教学技术和方法的运用直接影响课堂教学质量。但是，无论在什么技术环境和方法运用下，大学老师"教"还是主要的，应理性看待"自主式学习""老师主要是教学组织者""研究式学习"等做法。试想，没有"教"了，都"自学"了，大学还有必要存在吗？"素能—教法—教案"只有高度融合和一体化，把素能体系完全嵌入到教案体系中，每部分教学充分运用以案例教学为主体的立体化教学方法，规范教案编写工作，定期调整素能体系，动态更新和共享教学资源库，才能化教师能力为"战斗力"。只有高水平的教学体系，才能培养出高水平的学生。

4.1 教学方法体系

4.1.1 教学方法变革

目前，物流管理教学主要存在以下问题：物流教学模式、手段滞后，导致学生上课听课不认真，课堂教学效率较低；缺少经验丰富的"双师型"教师；专业课程体系不合理，基本上按物流功能进行划分；教材建设严重滞后，我国物流行业起步晚，一直处于探索发展的状态，理论系统化不够，教材也出现系统化不强，多本教材内容存在重复冲突现象，导致物流管理教学面临设计难、内容安排难等问题；部分教材直接引用国外概念，专业术语内容生硬难懂，学生难以理解和学习，教学效果受到严重影响。

现代技术的渗透，数字化生存环境的形成，基于虚拟化技术的云计算以及可视化大数据的应用，为现代教育技术和教学理论的深入融合奠定了基础。现阶段微课、慕课、翻转课堂、手机课堂、基于"互联网＋"的云教室等多种教学方式和教学手段大量得以涌现。

笔者将物流管理教学改革的演变划分为四个阶段：

教学1.0阶段：改变课堂结构。在传统的"教"上"动刀子"，通过调整课堂结构、改进教学手段和方式，实现教学从"低效"到"有效"的跨越。具体地说，包含3个步骤：先学后教、以学定教、当堂训练。先学，是在教师出示学习目标、提出自学要求、进行学法指导后，学生在规定时间内自学指定内容，完成检测性练习。后教，是在学生自学后，教师与学生、学生与学生之间有目的的互动式学习。当堂训练，则是在先学、后教之后，让学生通过一定时间和一定数量的训练，应用所学知识解决问题，从而加深对课堂所学重难点的理解。

教学2.0阶段：改变教学关系。在"学为主体、教为主导"的基本理念指导下，实现了从"教中心"到"学中心"的飞跃，构建了全新的课堂教学体系。"学中心"保证了学生地位，转变了教师角色，教师从权威者转型为服务者、引导者。"学中心"也催生了"少教多学"教学理念。教师不包办学生的学习和思考，减少灌输，鼓励学生自主学习、主动发现并提出问题、尝试解决问题，教师在必要时刻提供启发性的"教"。教师针对学生学习过程中存在的问题及学生的个体差异有针对性地"教"。教师集中时间和精力创造性地设计教学内容和教学过程，强化、优化学生的自主学习。它改变了教学流程，促使教师改变教学模式，进而引发了教学理念的变革。

教学3.0阶段：改变教学意义。不再过分纠缠课堂的技术细节，而是以人本为基石，构建"去教师主导"的自主学习新形态。围绕这个核心理念，对以教师为中心、教师为主导的传统教育"教中心"体系思想进行了彻底的颠覆，为真正实现"教中心"到"学中心"的转化建立了进一步完善的理论依据。"去教师主导"不是去教师群体，也不是去教师功能，更不是去教师素质，而是去掉教师头脑中主导教学和管理的思想。

教学 4.0 阶段：体验式学习。基于"学中心"和"去教师主导"，体验式学习就是解放教师，最大限度地相信学生、引导学生，激发学生的自我管理能力。让学生通过亲身体验，对事物和理论产生深刻的认识，是一种让学生主动学习，充分调动各种感官学习的教学方式。研究表明："阅读的信息，我们能记得百分之十；听到的信息，我们能记得百分之二十；但所经历过的事，我们却能记得百分之八十。"体验式教学法的作用机理正是来源于以上研究结论。正如华盛顿博物馆墙上所写："I hear, I forget. I see, I remember. I do, I understand"。体验式教学法打破了传统的班级授课制组织形式，减少教师在课堂上的讲授时间，调动学生参与学习的积极性，发挥学生体验感悟、自主探究的能动性，让学生在"活动"中学习，在"主动"中发展，在"合作"中增知，在"探究"中创新，从而培养出全面发展的人才。

4.1.2　体验式教学

"体验"的"体"，意为设身处地、亲身经历；"验"，意为察看感受、验证查考。在我国，"体验"的语义在汉语中出自《淮南子·氾论训》："故圣人以身体之"。另外《荀子·修身》中说"好法而行，士也；笃志而体，君子也"。《现代汉语词典》对"体验"的解释是：通过实践来认识周围的事物。"体验"的英文是 experienced 或 experiencing，来自于拉丁语 experiri 的现在分词为 experiens，其中"per"是危险。从危险中过来，就有经验和体验了。因此，"体验"就是借助过去的经历用直觉，通过感悟来理解事物。

"体验式教学"，最初源于美国著名教育家杜威（John Dewey）"做中学"的经验学习理论。库伯（David A. Kolb）于 1984 年提出了经验学习的四阶段周期，即具体经历—反思内省—抽象归纳—行动实践，成为公认的体验学习的经典理论。体验式教学改变了以教师为主导的传统授课方式，通过创设宽松、民主、教学互动的学习情境，对教学内容进行重新设计和组织，利用案例分析、情境设计、角色扮演、游戏演练、模拟实验等方法和手段，让学生分工协作参与到事先设计的虚拟环境中，自主地发现问题、分析问题、讨论并解决问题，不断总结经验，最终获得知识和专业技能。从 20 世纪 90 年代初期开始，伴随 MBA 教育的开展，国内开始认识到体验式教学方法较传统管理教学方法具有的优势，以案例教学为突破口，陆续开始了体验式教学和研究。程定平研究了管理学课程体验式教学模式，对教师从备课、案例开发以及课堂教学等方面提出了新的要求❶。漆彦忠从"非介入性体验、半介入性体验和介入性体验"三个维度，对人力资源管理体验式教学方法进行了研究❷。在上述研究的基础上，可以对管理学体验式教学方法进行归纳，总体上有情境模拟、案例教学、实地参观与调研、角色扮演、教学沙盘模拟、主题辩论和管理游戏等 16 种体验式教学手段，见表 4 - 1。

表 4 - 1　16 种体验式教学手段

教学手段	内涵	特点
情境模拟	情境模拟是指设置一定的模拟情况，要求学生扮演某一角色并进入角色情境中去处理各种事务、问题和矛盾。教师通过对学生在情境中所表现出来的行为进行观察和记录，以测评其素质潜能及对理论知识掌握的程度的方法	通过情境模拟可以还原教材中知识发生的情境，让学生亲历实景，通过亲身的感受，发现问题、思考问题，掌握知识，有助于让学生对知识的应用产生兴趣，知道管理理论的实际内涵
案例教学	案例教学法就是教师根据学习内容，以实际的或抽象的企业为例，从介绍他们成功和失败的事例出发，让学生通过搜集资料、听讲、思考和讨论，理解和总结学习内容，从而提高学生分析问题和解决问题能力的教学方法	案例教学具有亲自实践与适应性强的特点，这种教学方法一方面可以培养学生学习与解决问题的能力，另一方面可以提高处理人际关系和团队学习能力

❶　程定平，何清华，程定锋. 管理学课程体验式教学模式构建与实践研究 [J]. 中国商界，2010（8）：227 - 228.
❷　漆彦忠. 人力资源管理体验式教学方法体系探微 [J]. 黑河学刊，2010（2）：106 - 108.

教学手段	内涵	特点
实地参观与调研	在课程教学中，组织学生到企业进行调查研究是理论联系实际最有效的形式	因为管理理论的本质特点是"从实践中来，到实践中去"，结合工商管理专业课程的特点，选择两个以上比较研究的对象，引导学生深入到"比较对象"内部进行企业管理有关问题的参观与调研活动，无论是对教学内容的巩固，还是培养学生的比较研究能力，都是非常有益的尝试
校企联合共建基地	可以与一些具有典型特征的企业建立长期合作关系，定期组织学生到企业相关工作岗位去实习、实践，由企业和教师组根据实践的目的拟定实践教学内容，以便培养学生企业管理实践能力	校企联合共建基地可以实现学校、企业资源互补，企业在共建的过程中可以挑选合适的学生，从教师和学生这里得到新知识和信息；教师和学生则可以从企业获得实际的管理经验
角色扮演教学	在角色扮演教学中，给一组学生提出一个工商企业管理的情境，要求学生担任各种角色并出场演出，其余人观看，表演结束后进行分析总结，扮演者、观看者和教师共同对整个过程进行讨论	角色扮演给学生提供了一个机会，在一个逼真而没有实际风险的环境中去体验、练习各种技能，而且能够得到及时的反馈，可以训练学生灵活地运用工商管理专业知识的能力
心理测验	在组织行为学的教学过程中，可以结合教学内容，对学生进行课堂心理测验，包括人格测量、需要层次测验、对高分的期望心理测验等	应用多媒体课件不仅能清晰地显示自陈量表和评分方法，而且在表现图片和图形方面具有优越性，非常适合进行投射测验和成就需要测验
沙盘模拟	通过沙盘模拟可以传授工商企业管理知识和培养经营能力	在教师的指导下，使学生学会如何分析外部环境、如何分析市场和产品、如何提高内部效率、如何核算成本等
主题辩论	教师就教材中的某一观点作为辩论主题，组织学生成立正反两队，经过课下的充分准备，在课堂上辩论，运用所学知识陈述自己的观点，反驳对方	既能达到在情境中学理论的目的，同时可培养学生的思考和辩论能力

教学手段	内涵	特点
讨论	讨论可以实现信息的交流与补充，激活思维。一方面，可以在课程内容介绍中穿插讨论，加深学生对个别章节理论概念的认识。另一方面，在课程内容介绍完之后，组织完整的企业管理案例讨论，加深学生对整个课程理论概念和实际内容的全面认识	理论介绍以教师讲授为主，讨论以全班讨论和小组代表陈述形式为主。通过讨论可以增强学生综合分析问题和解决问题的能力，形成良好的教与学的互动
运用多媒体等现代教学手段	运用多媒体等现代教学手段，可以很方便地把复杂的图表、图片、照片展示给学生，还可以播放一些相关的音视频资料	既能提高讲课效率，加大信息量，又能使学生感到生动、直观、活泼、易于接受，可以大大提高课堂教学的效果
创建网络交流平台	创建工商管理专业课程教学网，为教师之间、教师与学生之间提供跨越时空界限的平台。可以利用学校网络资源或者申请创建工商管理专业课程教学网的国际域名，开展网上体验式教学活动	如在网上发布教学大纲和相应课件，有关教学、科研活动信息，教师的电子信箱、联系方式和QQ号等，以便学生与教师沟通；设立工商管理专业课程教学论坛，便于师生发表观点；定期在网上发布教学案例，以便师生进行案例讨论等
运用管理实验室	随着管理实验室的建立和投入使用，模拟企业管理系统、ERP系统、电子商务系统等教学软件可以更多地运用于教学过程中，这些软件包含了战略管理、物流管理、运营管理、市场营销、人力资源管理、会计和公司财务和行政管理等多个大型模块	可以帮助学生通过模拟企业运作，增进对现实中企业管理方式的认知，从而更好地掌握现代商务技能
利用公用网络资源	利用公用网络资源进行学习	参与到世界经理人网站（http//：www.cec.globalsources.com）的管理论坛活动中，可以要求学生必须就半月一题的管理沙龙主题发表看法，并根据学生参与论坛时发帖的篇数和质量来评定学生成绩等级；或者参加其他一些企业管理网站举办的管理模拟比赛，如国际企业管理挑战赛中国赛区网站（http://www.gmc‑china.net）

教学手段	内涵	特点
邀请企业家和学者进行演讲	要积极关注企业管理实践，丰富体验式教学环境	可以邀请企业家进行演讲，就该企业管理过程中遇到的问题进行讲解；还可以邀请相关学者举行专题讲座和学术前沿报告，让学生了解认识企业管理中的实际问题，从而使学生可以借鉴"他山之石"
多媒体视频案例的制作	利用购买、引进或录制的素材，通过计算机等设备将相关录像剪辑成各种视频案例，案例主题可以涉及企业管理教学的主要方面，特别是一些对企业管理产生重大影响力的题材，诸如企业并购、公司上市、著名公司管理者、平衡计分卡、战略联盟、知识型企业等	通过视频案例的观看使学生在轻松学习的过程中全面了解企业管理相关知识
管理游戏	通过设计一定形式的管理游戏活动，让学生在其中充当主角，体会角色的感受，理解团队精神、协作的力量，培养自我挑战的勇气等	能充分调动参与者的兴趣和积极性，通过互动学习，感悟管理知识

目前，体验式教学在大学管理教学过程中，还仅仅停留在单独运用角色扮演、管理游戏、案例教学、多媒体、小组互动和角色扮演，研究的重点也局限于单个体验式教学方法上。这些实践和研究存在以下问题：一是国内案例教学普遍存在"缺乏本土化案例、案例更新速度慢、可操性差以及数量少"的问题；二是情境模拟、角色扮演与管理游戏等手段由于课时、场地和经费的限制，并没有得以真正开展起来；三是目前许多教师对体验式教学认识还不到位，积极性也不够。

体验式教学要紧密联系学习内容，精心设计，周密组织。在体验式教学下，考核方式也要改革，不能还停留在考查学生对理论的记忆上，而是要考查学生的思考能力、分析能力、解决问题的能力。只有考核内容变了，才能让学生彻底改变学习方式，教师改变教学方式。笔者认为，体验式教学法为物流管理教学开拓了一个全新的最佳教学模式：学生从读死书、死读书中解放出来，从为应付考试而学习，到我要学习；教师从"主角"变为"配角"，充分激发学生学习的热情、激情，提高学生的动手能力、动脑能力和创新能力，使之成为社会需要的真正的物流管理人才。

4.1.3　共读、共练与共创

学校与书籍的结合是应然，更是必然。苏霍姆林斯基曾说过："学校里可能什么都足够多，但如果没有为人的全面发展及其丰富的精神生活所需要的书，或如果不热爱书和冷淡地对待书，这还不算是学校。"图书馆里的书是多了，但是有"铁将军"把门，没有人去读也没有用，我们认识到，单单学校有书还不够，更要营造能够广泛阅读的环境与氛围。西安科技大学物流管理专业师生推行"三个一"工程：每周一起读一本书、写一篇摘要、做一场报告。

首先，由指导教师推荐一本书，把相关书评和相关素材提供给学生。然后，等学生读到中间时要有一次阅读推进课，这种课在整本书的共读中起着承上启下的作用；当学生读完这本书后，就要在一定的范围内进行读书交流。最后，关键的是精读。抓住文章内容中的某个点，仔细品味琢磨，体会该书作者所表达出的思想感情，可以加深学生对所读内容的理解，提高其思想认识（如图4-1所示）。

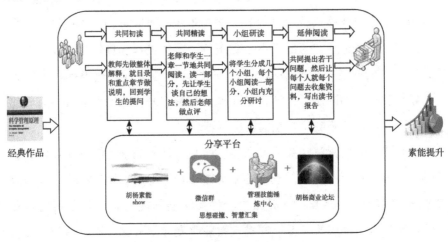

图4-1　经典经济管理文献精读

　　师生共练是指师生共同练习表 2 - 6 中所提出的物流管理专业工具，实际上是指导学生就某一项目或专题练习相应的管理工具和方法。师生共创是指老师与学生一起将科研成果转化为创业项目和产业项目的方式。具体来说，老师主要进行科研创作，学生负责将这些科研成果或者教学成果进行市场化转化。师生共创是高校科研成果"活"起来的有效方式，学生用教师的科研成果创业，实现科研成果转移转化，教师将不必再为科研成果被束之高阁而犯愁，也不必忙于成果转化而疏于开展后续研究。

4.2　标准教案

4.2.1　标准教案的必要性

　　众所周知，要生产高质量的产品，生产过程必须要按一定的标准来实施。没有标准，在生产中甚至在生活中不管怎样注意也会产生差错。比如没有长度、大小标准，买到的零配件就不一定能安装到要维修的机器中去；没有尺寸标准，到商店买件衣服就会不合身。

　　高等学校生产的是特殊产品——达到一定规格的人才。作为教师都知道，"备课、上课、批改、辅导、检查"叫作教学的五环节，也有把"复习"作为一个环节，放在"辅导"和"检查"之间，但未形成共识，备课是第一环节。"开头一半功"，要想上好课并取得满意的效果，必须备好课，写好教案（Lesson plan）。所谓教案就是教学计划的书面形式。

　　目前，大部分老师都是用 PPT 课件代替讲义了。一些老师也写教案，但充其量是流水账形式的教材的压缩型讲义；有些甚至只有一些提纲，画了一些记号，似乎是一些速记笔记。这样的"教案"到课堂上去讲授，必然是照本宣科，必然有很大的随意性，必然调动不起学生的积极性。学校要上质量上水平，首先就要狠抓教学质量，而教师的备课、讲课和效果又是教学质量控制和评价的核心。

笔者在和老师交流的时候，就遇到了以下情形：

情形 1：教学过程是个艺术过程，没有必要编写教案。

情形 2：上课几十年了，用不着教案。教授每天教学，每节课程内容复杂，许多内容需要临场发挥讲解，几十年经验都装在大脑里，过于呆板似乎没有必要，只要有讲稿就可以。

情形 3：过分追求形式。过度要求装帧成工艺品，好应付检查。

情形 4：过于详细。有学者设计了教学目标、学生的背景信息、班级规模、教材、语言内容、语言技巧、重难点、时间分配、教学手段、教学方法、阶段和步骤、课堂活动、课堂练习、课后练习、补充材料、课程小结、课后反思等 17 个组成部分。

搞"标准教案"不是限制教师的教学自由和扼杀教学的艺术性，恰恰相反的是，标准化教案能充分保障教学质量，实现以下目标和有效克服以下问题：一是一门课每一章应该讲什么样的知识点必须加以明确，防止一门课学完，学生不清楚学了什么，好比自由体操比赛时运动员必须完成规定动作后方可自由发挥；二是有效地将所有专业课的教学在内容、范围、层次和深度上统一起来，例如现代物流管理学是专业基础课，它把所有专业课的内容都装进去了，如果标准化后，每一块内容讲到什么程度以及后续专业课如何接着该门专业课进行深化就明确了，有效克服了"你讲我也讲或者干脆不讲"，学生也能立体化地掌握专业课，保证"讲得不一样、学得有深浅、用得有层次"；三是实现"教学方法、学生素能"与教学过程的全融合，必须明确每部分内容要用到什么教学方法、什么教学案例、培养什么能力、开展什么活动，有效克服"教师只管讲、学生只管学、不知有何用"的问题；四是实现教学资源共享化，杜绝"只管教自己的"和"手段、案例、知识"重复现象。

4.2.2 标准教案组成体系

根据笔者的教学实践，笔者提出了整套标准化教案体系，如图 4 - 2 所示。

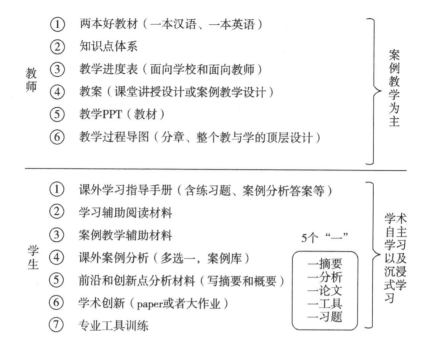

图 4-2 标准化教案体系

其中，教案的规范性要求见表4-2。教案既不同于教学大纲也不等同于讲稿，教学大纲是对课程教学的总体要求，而教案则是实现教学大纲的具体细化并经过精心设计的授课框架。

表 4-2 规范化教案

授课时间	年 月 日（星期 ）		上课地点			
课 次	第 1 次	年级		班级		人数
教学内容 （知识点）	某章、起止节数，反映本学科的新成果、新进展内容					
教学目标	本次课中讲授的概念和理论应掌握到何种程度，从高到低区分为"理解""了解""知道"三级，而讲授的工具、方法掌握程度从高到低则区分为"熟练掌握""掌握""会或能"三级					
教学重点						
教学难点						

教学方法	这是教案中的主要部分，要根据不同的教学内容去划分成几个小部分。但一般来讲，应体现以下几个方面：是否要准备直观教具？如何引入新课？如何引入新概念？重点、难点问题从提出到解决的基本思路、主要途径、转化条件以及如何强化应用？这里就包括如何运用少而精原则精选教材，如何运用启发式教学方法——观察、设疑、演绎、归纳、类比、反复试验法等，最后要有小结。写这一部分内容，每个环节安排多少时间也要预先估计，特别要留学生活动时间，切忌"满堂灌"				
质量要求					
素能链接	专业软件	专业工具	专业技能	专业思维	专业创业
	具体分解：核心就是通过本部分教学，让学生就表2-6中某部分素能得到提升				

教学过程及内容

要点：一是规范性，要围绕重点，难点展开；二是要有创新性，在自己钻研教材的基础上，广泛地涉猎多种教学参考资料，向有经验的老师请教，独立思考，然后结合个人教学体会，巧妙构思，精心安排；三是艺术性，开头（如何切入和抛出问题，笔者觉得从热门问题、经典故事、管理难题入手比较合适，要在头3分钟迅速把学生带入教学内容），经过（可用文字说明，笔者推崇手绘草图），结尾，要层层递进，扣人心弦，达到立体教学效果；四是一定要简洁

本次教学附件	详细列举针对本节教学内容，学生需要阅读哪些课外教学材料。例如，笔者在讲授《配送管理》课程时，第一章就给出了如下的阅读材料： ch01-1 配送概述—课后阅读材料 沃尔玛物流配送体系 中国物流配送研究报告 …… ch01-2 配送概述—期刊文献阅读 Physical distribution, logistics, supply chain management, and the material flow theory: a historical perspective …… ch01-3 配送概述—案例分析材料 基于双边市场的城市物流共同配送案例研究—以菜鸟驿站为例 …… ch01-4 配送概述—课程设计 新零售时代，高校配送市场到底有多大潜力？ 新零售下，城市配送成新的角力场 新零售已实现分钟级配送！新物流未来趋势是什么？ ……

4.2.3 知识点体系

知识是基础，是载体；能力是知识的综合体现；素能是知识与能力的升华。知识、能力、素能是进行创新的基础，只有将三者的教育与培养结合在一起，并贯穿于教育的全过程，才有可能培养出高水平的人才。现在，很多大学很多专业的课堂教学内容重复是一种普遍现象，根本原因在于没有进行统一规划。本科阶段物流管理是一个比较庞大的知识体系，包含了大量的知识领域及其知识单元和知识点。知识体系的体系结构可以划分为三个层次，分别是知识领域（对应节）、知识单元（对应小节）、知识点。知识领域代表一个特定的研究对象。知识单元分为核心和选修两种，核心知识单元是学生都应该学习的基础知识。知识点是整个体系结构中的最底层，代表领域中单独的问题模块，一般不再细分下去。

西安科技大学管理学院物流管理专业教学的做法是：把全管理学院和学校的相关教学方案汇总在一起，基于培养"面向素能的物流行业应用型高级专门人才"，明确每门课应该讲什么知识，例如高等数学应该讲哪些模块，计算机应该讲什么模块（应加入大数据等），会计学应该讲什么模块（没必要用教其他专业学生的内容教物流专业学生，而是按物流专业学生应该学哪些财务管理知识来讲）。在具体规划时，设计了具体的编码规则，具体见图4-3。

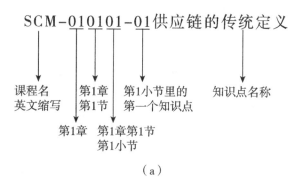

（a）

图4-3 知识点和课程前沿编码规则

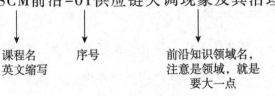

（b）

图4－3　知识点和课程前沿编码规则（续）

根据图4－3，表4－3列举了《供应链管理》课程第一章的知识点。

表4－3　《供应链管理》课程第一章知识点

节	小节	知识点
1.1 供应链的内涵	1.1.1 供应链的概念	SCM－010101－01 供应链的传统定义 SCM－010101－02 供应链的现代定义 SCM－010101－03 供应链的网链定义 SCM－010101－04 供应链的其他定义 SCM－010101－05 供应链概念的理解 SCM－010101－06 供应链与物流的关系
	1.1.2 供应链的结构	SCM－010102 供应链结构的三种类型
	1.1.3 供应链的特征	SCM－010103 供应链的特征
	1.1.4 供应链的分类	SCM－010104－01 根据供应链管理的研究对象及其范围 SCM－010104－02 按分布范围划分
1.2 供应链管理的内涵	1.2.1 供应链管理的目标	SCM－010201 供应链管理的目标
	1.2.2 供应链管理的定义	SCM－010202 供应链管理的定义
	1.2.3 供应链管理的核心理念	SCM－010203－01 整合理念 SCM－010203－02 合作理念 SCM－010203－03 协调理念 SCM－010203－04 分享理念
	1.2.4 供应链管理的特点	SCM－010204 供应链管理的特点
	1.2.5 供应链管理的流程观点	SCM－010205－01 供应链管理的循环观点 SCM－010205－02 供应链管理的推拉观点

节	小节	知识点
1.3 供应链管理的发展	1.3.1 一个分析框架	SCM－010301－01 纵横一体化模式 SCM－010301－02 交易成本
	1.3.2 从 MRP 到 SCM	SCM－010302 从 MRP 到 SCM
1.4 供应链管理决策	1.4.1 战略决策	SCM－010401 供应链战略决策
	1.4.2 供应链计划	SCM－010402 供应链计划
	1.4.3 供应链运作	SCM－010403 供应链运作
1.5 供应链战略与竞争战略的匹配	1.5.1 竞争战略与供应链战略	SCM－010501 竞争战略与供应链战略匹配的价值
	1.5.2 赢得战略匹配	SCM－010502－01 什么是战略匹配 SCM－010502－02 实现战略匹配的步骤 SCM－010502－03 量身定制式供应链战略匹配
	1.5.3 扩展战略匹配范围	SCM－010503 扩展战略匹配范围
1.6 供应链管理体系的构成	1.6.1 供应链管理涉及六大领域	SCM－010601 供应链管理涉及的领域
	1.6.2 供应链管理流程结构	SCM－010602 供应链管理流程结构
	1.6.3 供应链管理内容	SCM－010603 供应链管理内容
1.7 供应链管理系统的关键因素	1.7.1 需求与供应链计划管理	SCM－010701 需求与供应链计划管理
	1.7.2 供应链库存管理	SCM－010702 供应链库存管理
	1.7.3 供应链网络设计	SCM－010703 供应链网络设计
	1.7.4 供应链网合作关系管理	SCM－010704 供应链合作关系管理
	1.7.5 供应链物流管理	SCM－010705 供应链物流管理
	1.7.6 供应链资金流管理	SCM－010706 供应链资金流管理
	1.7.7 供应链信息管理	SCM－010707 供应链信息管理

续表

节	小节	知识点
1.7 供应链管理系统的关键因素	1.7.8 供应链企业组织结构	SCM – 010708 供应链企业组织结构
	1.7.9 供应链绩效评价	SCM – 010709 供应链绩效评价
	1.7.10 供应链风险管理	SCM – 010710 供应链风险管理
1.8 供应链管理的运营机制		SCM – 010801 供应链运营机制内容

《供应链管理》课程第一章知识点详细内容见附件二。

4.3 教学评价标准

4.3.1 现行评价体系

课堂教学是学校教育教学的主要形式，提高课堂教学质量是学校教育教学的重要任务。如何科学有效地进行课堂教学评价，是提高学校教育教学质量的重要保证。大学课堂教学评价起源于美国，它的出现与实施使美国大学教学质量和人才培养质量处于世界领先地位。而后随着美国课堂教学评价思想蜚声于世，其他各国高校纷纷效仿学习。从 20 世纪 80 年代开始，在西方课堂教学评价思想的影响之下我国课堂教学评价开始出现萌芽并逐渐发展起来。

综合起来，目前课堂教学评价主要存在以下问题❶：

一是重视学生评价，轻视教师自评。在课堂教学评价的开展过程中，

---

❶ 庞丽丽. "以学生为本"的课堂教学评价标准探析 [J]. 教育与职业，2014，10 (3)：52 – 56；李硕豪，富阳丽. 大学课堂教学评价研究十年回眸 [J]. 现代教育管理，2017 (6)：101 – 105；闫瑞祥. 高校课堂教学评价要素的反思和重建 [J]. 教育理论与实践，2009 (3)：45 – 47；毛菊. 课堂教学评价研究的回顾与反思 [J]. 贵州师范大学学报（社会科学版），2012 (5)：134 – 138.

学生评价被推崇至上。尽管学生是教学过程的主体，是课堂教学评价活动中最具发言权的个体，但由于学生对大学课堂教学质量的认知水平有限，若仅仅参照学生评价，肯定是不全面、不合理的，学生评教只是课堂教学评价的模式之一，无法完全代替课堂教学评价。

二是评价标准重总结性评价、轻过程性评价。现有的课堂教学评价是静态的一次性评价，属于总结性评价，这种评价主要是以奖惩为目的，把课堂教学评价的结果作为奖惩教师的主要依据。就高校中较典型的评优来看，由于片面追求一节课的质量而不是整体的教学水平，教师依据评价指标精雕细琢一节课后去参赛，有的教师"一课成名"，成了"教学名师"，但平时这些教师大多数课堂的教学水平并不高，教师总体的教学能力并没有在评价的过程中得到提高。

三是聚焦"教"的评价，忽视"学"的评价。我国大学目前采用的课堂教学评价依旧倾向于教师的教学行为，漠视学生学习效果的评价；评价指标也多"以教师为中心"而设计，与学生是课堂的价值主体相悖。评价要素过于倾向于教师的教学行为，而忽视了学生的学习行为；在评价内容方面，评价要素过于偏向于知识的学习与获得，而忽视了对学生的情感态度、创新能力及其价值观的培养；在评价方法方面，评价要素过于注重教师的教学方法，而忽视了学生学习的主观能动性和实际操作性。

4.3.2　基于素能的教学评价体系

物流管理类课程教学中，过程性考核是必不可少的一部分，单凭考试试卷成绩并不能真正反映学生理解、掌握知识的程度，也不能起到激励学生自主学习的作用。当前，课程考核基本都采用过程性考核与闭卷考试相结合的方式。但在执行中，过程性考核往往流于形式，其并没有充分发挥作用。因此，建立过程性考核体系成为物流管理类专业课程考核方式改革的关键。

总结多门课程教学实践中的经验与问题，笔者提出以下改革思路：一是取消学生评教，以学生的实质进步代替目前的教学评价；二是实行教考分离，任课老师不出考题，由课程组聘请专业老师根据知识点出考题；三是用教学督导组评价代替教学评价；四是提高素能提升占教学效果的比重；五是用学生成绩作为老师教学效果评价结果。根据上述改革思路，可以设计出如下评价标准，具体见表4-4。

表4-4　教学评价标准

项目与权重	评价标准	分值	评价主体
大作业（10%）	资料收集完整	20	任课教师
	思路清晰、观点明确、格式规范	30	
	项目分析合理	20	
	方案制定合理	30	
课堂表现（20%）	根据学生参与讨论、回答问题次数及质量评价。参与次数最多、质量较好的学生为满分，以此为基准，对其他学生进行评价	100	任课教师
课程成绩（40%）	根据试题类型和分值以及答题情况进行评价	100	试题出题教师
教学过程（10%）	由教学督导组制定相应的评价标准	100	教学督导组
素能提升（20%）	根据学院开展素能提升活动，制定相应的定量和定性评价标准，客观与主观相结合	100	任课教师

笔者认为教学评价一定要简化，教学评价不应是整个教学过程的重点。"十年树木，百年树人"，教学质量评价绝不能基于短期效果。

目前的教学评价工作大都是行政管理者主导下的评价，评奖和评级倾向性严重，基本上没有任何反馈和改进过程，形式主义越来越严重，这些都应该引起足够的重视。

第5章　案例教学

案例教学起源于美国哈佛大学商学院，自 20 世纪 20 年代以来，案例教学成为商业、法律和医学领域的基本教学模式。物流管理课程属于应用课程，课程内容理论与实际结合得很紧密。案例教学具有理论联系实际的特点，有利于学生加深对理论知识的理解，增强运用知识解决实际问题的能力，提高沟通交流能力和语言表达能力，并培养团队合作意识。

5.1　案例教学概述

5.1.1　商学院与案例教学

1881 年，美国费城（Philadelphia）的一位富商 Joseph Wharton 为提高商业教育水平，慷慨捐赠 10 万美元给当地的宾夕法尼亚大学，成立 Wharton（沃顿）管理学院，这是美国管理教育的重要里程碑。1898 年，加州大学伯克利分校和芝加哥大学又分别设立商学院。到了 1908 年，又有纽约大学、哈佛大学和西北大学等 7 家著名大学设置商学院，从而组成美国最早设立的 10 所商学院。伴随着哈佛商学院的诞生，以培养"有责任感、有道德的一流企业管理人才——公司总经理"为目标的 MBA 教育开始登上历史舞台。因其适应了日益复杂多变的市场经济环境下企业生存与发展对综合性高层管理人才的迫切需要，MBA 教育获得了迅速发展，历经百年而不衰且日趋成熟、正规化。1915 年，最早成立的三所大学商学院：哈佛、芝加哥、西北大学商学院呼吁建立规范的 MBA 教育组织，次年，美国商学院联合会（American Assembly of Collegiate School of Business，AACSB）成立❶。

第二次世界大战后，西欧各国的经济明显落后于美国。英国为了探索美国经济高速发展的原因，还曾专门到美国进行考察和研究，最终发现：制约英国经济发展的原因不是技术、资本，而是企业管理技术和企业管理思想的落后。因此，首先英国，紧接着法国，瑞士也开始引进美国的 MBA 教育，到了 20 世纪 60 年代便形成了 MBA 教育的高潮，而且更具有自己的特色：高度国际化和高度实践性。在亚洲，随着亚太地区经济的发展和全球一体化，亚洲各国对现代化管理人才的需求剧增。自 20 世纪 70 年代以来，新加坡、泰国、马来西亚等国家以及中国香港地区开始发展 MBA 教育，以适应经济的高速发展。我国 MBA 教育始于 1991 年，在其 20 多年的发展中，招收 MBA 的院校从最初试点时的 9 所增加到目前遍及全国 29 个省份的 127 所，就读 MBA 的学员多达 20000 人以上，MBA 教育为中国经济各行业各部门培养了大批优秀的高级管理人才。

早期的美国 MBA 教育以"哈佛模式"为代表，侧重于实际经验的传授，即"案例教学法"。纯案例（Pure Case Method）教学就是说商学院没有具体的教材，所有的教学都建立在案例分析的基础之上。案例有的来自教授们的编撰，有的来源于实际商业运作，通过对案例的分析让学生迅速掌握解决问题的方法，将来毕业生在实际中遇到类似问题时就可以驾轻就熟。

案例教学能够培养学生驾驭宏观管理和决策的能力，让学生从大局全

---

❶ 在世界 MBA 教育与商学院的发展过程中，先后出现了与 MBA 教育有关的三大国际认证体系。它们分别是 AACSB（国际商学院协会）、EQUIS（欧洲质量发展认证体系）和 AMBAs（国际 MBA 协会）。三项认证中当数 AACSB 资格最老、含金量最高，获得 AACSB 认证的商学院也随即被视为教学质量一流的商学院。三项认证中，AACSB 平均认证时间需要 5~7 年，EQUIS 认证需要 1~2 年，AMBAs 认证则相对容易多了。从认证难度上和含金量来说，AACSB 认证是其他两项认证不能比的。

面考虑问题，而不是拘泥于小节，因而这类学校的毕业生往往表现出优越的领导才能。然而，由于教学全部基于案例分析，学生们对基本的理论缺乏深入的掌握，不利于建立起一个全面的知识体系结构，往往宏观分析有余而实际细节或者动手能力不足，这也是猎头们对这类商学院的一般评价。采用这种教学方式的两个典型的学校是哈佛商学院（Harvard Business School）和弗吉尼亚大学达顿商学院（Darden Graduate School of Business Administration, University of Virginia）。这种教学方式的另一个特点是，它要求学生在课堂上积极参与发言和讨论，而且强调学生之间的竞争，否则学不到什么东西，所以对口语、表达和交流的技巧要求较高，大脑也要处于高度运转的状态，所以这种教学方式给学生的压力可能更大一些。

主要教学单位的 MBA 专业学位教学特点，见表 5-1。

表 5-1 主要教学单位的 MBA 专业学位教学特点

机构名	简介	培养模式	主要教学方法
北京大学光华管理学院	前身是成立于1980年的北京大学经济系国民经济管理专业。1985年该专业从经济系独立，成为北京大学经济管理系，1994年正式更名为光华管理学院。以"创造管理知识，培养商界领袖，推动社会进步"为使命，本科、学术型研究生、金融硕士、MBA、EMBA、MPAcc、高层管理教育等课程已获得国际权威认证	光华管理学院工商管理硕士（MBA）项目致力于培养具有社会责任感和全球视野的高级管理者与未来商业领袖。借助于北大深厚的人文底蕴、系统而创新的课程设置以及丰富的课外活动，使学生了解前沿的商业知识，具备跨文化的敏感性与人际沟通技能，成为具有在复杂环境下分析解决问题能力的、勇于承担未来挑战的创新型人才	光华 MBA 以"人文精神、全球视野、创新创业、整合实践"为培养特色，以强大的师资队伍和校友资源作为保障，精良的课程体系、丰富的课外活动、全覆盖的国际学习机会、职业化的教学和职业支持系统，给学生美好的学习体验和终生有用的眼界、知识和人脉

机构名	简介	培养模式	主要教学方法
复旦大学管理学院	复旦大学管理学院是复旦大学下属院系，是中国大陆同时通过AACSB和EQUIS两大全球管理教育顶级认证的三大商学院之一。2007年，复旦大学管理学院正式成为PIM（Partnership in International Management）组织成员学院。2012年，复旦大学管理学院3个EMBA项目位列英国《金融时报》全球排名百强；2013年，4个EMBA项目位列英国《金融时报》全球排名百强；复旦大学管理学院还蝉联2013年度全球最佳商学院大陆榜首	复旦MBA课程以课堂讲授和案例教学并重，资深教授与企业家联袂，西学精英与本土经验融合，加强学员务实能力的培养和专业化理论素养的提高。将复杂艰涩的理论于真实生动的案例中细腻地展开，通过互动式教学模式，有效提高学员领悟能力，全面提升学员实际技能	MBA课程设置充分考虑课程广度和深度，及课程对中国市场的适应性，对全球市场发展的前瞻性，对专业领域的实用性和课程间的衔接性，设置出既符合中国市场发展需求，又满足国际化长远发展趋势的课程
清华大学经济管理学院	前身可追溯到1926年创建的清华大学经济系，中国经济学界泰斗陈岱孙教授于1928年出任系主任。清华大学经济管理学院成立于1984年，经过20多年的发展，现已成为中国乃至亚洲地区最优秀的商学院之一。2013年度中国最佳EMBA排名前十。清华大学经济管理学院是获得AACSB和EQUIS两大全球管理教育顶级认证的中国内地商学院	清华MBA项目采用最新的信息技术，把经典的MBA案例讨论和现代在线课程技术结合，开设了多门国际领先的SPOC模式课程。让工作繁忙的在职班MBA学生可以更灵活地按照自己的时间和进度学习基础知识点，同时提高了课堂讨论的效率和效果，满足了MBA学生的个性化学习需求	清华—MIT全球MBA项目采用全日制学习；清华MBA项目（在职）学习方式分为周末班和集中班（详见"项目设置"），同时结合最新的信息技术，把经典的MBA案例讨论和现代在线课程技术结合，开设了多门国际领先的SPOC模式课程

机构名	简介	培养模式	主要教学方法
上海交通大学安泰经济与管理学院	自 1994 年开始，迄今办学 22 年。2008 年至 2011 年，交大安泰陆续获得了 AMBA、EQUIS 和 AACSB 三项国际顶级权威管理教育体系认证，是中国大陆首家同时获得三项国际认证的商学院	以培养领导力为主线，通过开学模块来对学生的领导力进行识别，通过合理配置方法论模块、管理实务模块、上海交通大学特色模块和国际模块，对学生的领导力进行生成、拓展与巩固；通过毕业模块来对学生的领导力进行反思与应用	以领导力为主线，基于整合性体验式培养模式，整合了课堂教学、案例讨论、企业参访、实战操练、整合体验、名家论坛、国际课程等 EMBA 教学方法，将第一、第二和第三课堂有机地结合起来
西安科技大学管理学院	西安科技大学管理学院始于原采矿工程系 1962 年成立的矿业经济教研组，在此基础上，原采矿工程系先后成立了企业管理教研室、质量管理教研室和煤炭工业质量管理研究咨询中心。1998 年，与社会科学系、品德教研室共同组建了管理系。由于学科专业的不断发展壮大，于 2000 年单独成立新的管理系，2002 年组建管理学院	"专业＋技能＋社会常识"是管理学院独特的学生素质教育模式，旨在培养专业素质高，实践能力强，社会知识通的综合型人才。既教育学生养成自我培养的良好习惯，又提倡学生不囿于书本、不拘于成规、培养拓展性思维能力，张扬其专业个性	注重实践环节，多采用符合自身特色培养方向的实际案例及近年发生的新案例进行教学。MBA 教育以"汇聚商界精英，成就财富人生"为宗旨，培养既懂专业又懂管理，能够胜任大中型工商企业和经济管理工作、适应未来社会激烈竞争的复合型高级管理人才

5.1.2　案例教学的内涵

案例一词来源于英语"Case"，原意为情况、事实、实例等，但译成中文，在不同的领域有不同的意思。在医学上译为病例，在法律上译为判例，在军事上译为战例，在企业管理上译为个案、案例、实例等，一般认为在教学中翻译为案例较为贴切。将案例应用于教学，通过教师讲授、组织学生讨论、撰写案例分析报告、教师归纳总结等过程来实现教学目的的方法，称为案例教学法（Teaching with case）。

案例教学法在法学和医学领域的应用由来已久，而在管理学领域的应用相对较晚。工商管理方面的案例教学始于美国，1910 年 Copenland 博士首创在课堂讲授之外将学生讨论引入课堂。从 1909 年到 1919 年，一些企业管理者应邀来到课堂向学生呈现各种管理问题，并要求学生写出对问题的分析及建议采取的对策。1920 年，该校受到洛克菲勒财团的资助，进行新的教学方法的实验，便开始调查、编写教学案例，并进行试用。1921 年 Copenland 博士在新任院长 Wallace B. Donham 的敦促下出版了第一本成文的案例书籍。教学案例的编写由粗到细、由简单到复杂，逐渐成熟起来，案例教学也逐渐成为一种独特的教学方法。目前，西方各大学的工商管理教学中均采用案例教学。我国从 20 世纪 80 年代开始引入案例教学。

世界上有三个较具规模的案例库：哈佛案例库、加拿大毅伟商学院案例库和欧洲案例交流中心。这三个案例库，尤其是哈佛案例库，在英文工商管理教育领域，已经形成"一统天下"的地位，健全的法律制度也使其有稳定的收入得以持续建设案例库。案例库建设对案例教学的推动作用在美国等管理教育发展比较早的国家已经得到了很好的印证。哈佛商学院目前用于教学的案例有 6000 多个，其中近三分之一是近 3 年发生的事件，而且每年更新 400～500 个案例。哈佛作为世界第一大案例中心，一年案例销售收入大概是 2000 多万美元。排名世界第二的案例研究中心是加拿大西安大略大学的毅伟管理学院（Richard Ivey School of Business），毅伟管理学院是由西安大略大学商学院于 1995 年更名而来的，其案例教学始于 20 世纪 20 年代，目前案例库内活跃着 2000 多个案例，每年有 200 多个新的案例补充进来，同时淘汰陈旧的案例。每年来自案例销售的收入有 300 多万美元。毅伟享有"加拿大的哈佛"之美誉。欧洲案例交流中心（European Case Clearing House，ECCH）是一个独立的、非营利的、以会员为基础的组织，致力于推广案例学习方法。总部设在英国克兰菲尔德大学和美国巴布森学院，共有 39 000 多个管理案例、补充材料、教学讲稿、视频、交互式光盘和期刊文章重印，代表了世界上最好的案例教学机构和个人的工作。

除了这三大案例中心外，还有其他一些比较成熟的案例库资源，如弗吉尼亚大学达顿商学院（Darden School，University of Virginia）、西班牙 IESE 商学院、瑞士管理发展国际学院（IMD）、法国 INSEAD 商学院、哈佛大学肯尼迪政府学院（John F Kennedy School of Government）、麻省理工学院斯隆商学院（MIT Sloan Management Review）等的案例库。

最早在国内推广案例教学法和进行案例库建设的高校是大连理工大学。1980 年美国商务部与中国教育部、经贸委举办"袖珍 MBA"培训班，并将中美合作培养 MBA 的项目执行基地设在大连理工大学，项目名称为"中国工业科技管理大连培训中心"。在这个项目进行过程中，第一次系统介绍了西方工商管理教育课程和案例教学，并于 1987 年开始筹建中国最早的案例库。

2001 年，清华大学经济管理学院和教育部共同出资 1000 万元人民币，建设其"中国工商管理案例库"，采取招标形式面向全国高校征集案例，目前已出版一本收录 200 多个案例的案例集。大连理工大学于 1999 年在原来案例库基础上成立了大连理工大学管理学院案例研究中心。经过十几年的积累，大连理工大学案例中心已收录教学案例 900 多篇，覆盖工商与经济类课程 24 门。特别值得一提的是"中国企业管理案例库组建工程"，它是 1998 年立项的国家教育部人文社科"九五"重大科研项目，由北京大学光华管理学院院长厉以宁教授和曹凤岐教授亲自主持，该项目是我国教育史上第一次以教学案例研究为对象而设立的科研项目。北京大学在此基础上于 2000 年 4 月成立了北京大学管理案例研究中心，承担"北大案例库"的建设工作。北大案例中心已成为欧洲案例交流中心的会员。

到目前为止，北京大学管理案例研究中心、清华大学经济管理学院案例中心、大连理工大学管理学院案例研究中心并列为中国三大案例研究中心。除了三大案例中心外，中欧国际工商学院（CEIBS）不可忽视。目前，该学院完成及在写的有关中国管理实践的案例已近 60 个，它还是欧洲案例交流中心（ECCH）的成员。

5.1.3 案例教学的利弊

从世界管理教育发展历史来看，管理案例教学极大地促进了管理教育的发展，同时自身也在不断完善和发展。工商管理教育是一种职业培训，它不同于本科教育或者一般研究生教育，商学院教育的目标是要帮助学生们为将来担任重要的管理工作做好准备。案例教学的本质是理论与实践相结合的互动式教学。案例教学的优点就是在真实的情况下，帮助激发学生们的主动行为，让学生们从被动的吸收知识者的角色中摆脱出来，从而帮助学生学会独立思考和做出负责任的决定。

案例教学具有以下好处：

①案例教学法既可巩固学生所学的理论知识，又可提高学生的实际操作能力。听课、复习、考试等教学环节，对于学生掌握所学理论知识，都有一定的作用，不可忽视。但是，平铺直叙地、"满堂灌"式地正面接受知识，并不一定能使学生真正理解。而进行案例讨论，要有针对性地运用理论知识去分析问题，这时学生不仅要知其然，而且要知其所以然，知其应该如何运用，从而可加深对课堂教学内容的理解；在案例讨论中还会发现其学习上的薄弱环节，从而注意加以弥补。通过对理论知识的应用来促进理论知识的掌握和理解，这是案例教学的一个重要作用。

②案例教学法能有效地开发学生的智能，提高学生的基本素质。一位好的教师，一种好的教学方法，不仅要教学生知识，而且要开发学生的智力，提高学生吸取知识、探索知识的能力。进行案例教学的好处，就在于它在学生学习知识的同时，能够在运用知识解决问题的过程中受到多方面的锻炼，在游泳前学会游泳，使之具有对任何江河湖海都能适应的能力。

③案例教学法使学生变被动听讲为主动参与，有利于调动学生的积极性和主动性。传统的教学方法着重于吸收知识，而忽视应用知识，学生处于被动地位。进行案例教学，学生要独立地解决问题，这样对学生就提出了更高的要求，学生犹如企业管理者的"当事人"一样，身临其境，处理问题，分辨是非，提出方案，因而能够有效地提高学生分析问题和解决问

题的能力，不断调动学生学习的积极主动性。

④案例教学法能不断提高学生的语言文字表达能力。工商管理专业的毕业生，必须具备良好的语言文字表达能力，才能胜任相关的工作，案例教学通过课堂讨论与案例分析报告的撰写，在这方面将起到很大作用。学生在案例讨论之前，必须进行充分的准备，写出发言提纲，在案例讨论之后，要写出案例分析报告，这些都有利于提高学生的文字表达能力。在案例讨论过程中，通过激烈的辩论，对提高学生的语言表达能力也会有很大帮助。

当前，案例教学也存在以下不足：

①许多院校教师对案例教学的理解还局限于举例子、做习题的水平，根本谈不上真正的案例教学；

②教学方法在很大程度上还依赖于以教师单向讲授为主的形式，缺乏教师与学生之间的互动；

③用于教学的案例在很大程度上还依赖于国外商学院的案例。

④缺乏高质量的中国本土案例。由于东西方文化差异和社会与企业制度的截然不同，在中国使用欧美案例进行课堂教学存在相当多的问题。

⑤教师动力不足。导致教师动力不足的原因主要有以下三个方面：首先，由于编写的案例不是研究成果，对职称评定帮助不大，教师更愿意花时间去做学术研究和发表论文而不是参与案例编写。其次，目前国内管理教育学界对教师的考核激励体系还不健全，教师上课质量的好坏与收入、职称关系不大。最后，教师参与案例编写与教学的态度与各个商学院所倡导的办学方针也有一定关系，实际上很多商学院并不认同案例推广。

5.2 "三环一链十步法"

基本上述论述和笔者教学实践，提出如下以案例教学为主的教学方法，如图 5-1 所示。

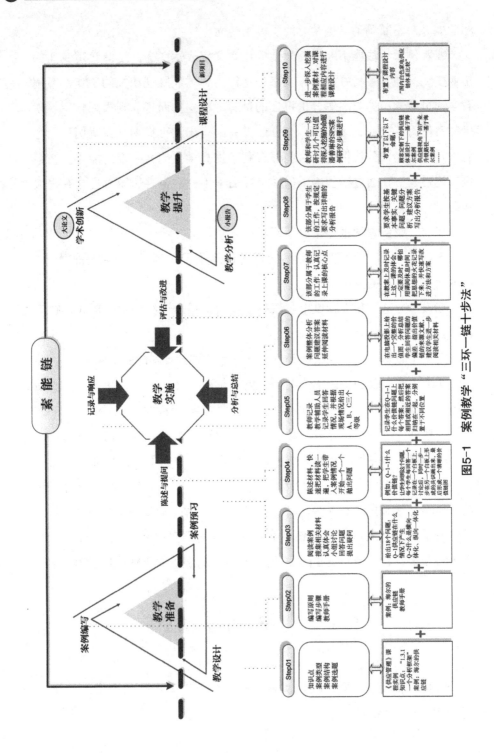

图5-1　案例教学"三环一链十步法"

　　案例教学实施主要有三种形式：一是教师主导式。教师先介绍案例的内容，较详细地提出要求和一些启发性问题，让学生有目的地做准备，然后在课堂上讨论，由教师最后作总结。采用这种方式，教师的主导作用十分明显，不利于学生独立思考。此方式适合于低年级或刚开始作案例分析的学生。二是讨论式。教师提供案例材料后，主要让学生自己去准备分析报告，将要讨论的主要问题以书面形式表述出来，然后在课堂上向全班讲述，相互提问甚至争论，最后由教师总结。这种方式有利于学生的独立思考及表达能力的培养，它适合于高年级或对案例教学较为熟悉的学生。三是研讨式。由教师提出一个课题，提供一些背景情况，指定有关参考文献，让学生自己去调查，或实地观察等，然后写出书面报告，在课堂上发表自己的见解，供全班同学一起讨论，最后由教师进行总结。这种方式除了具有讨论式的特点外，还能培养学生调查研究的能力和公关能力，并带有课题研究的性质，适用于即将毕业的高年级学生和 MBA 学生。无论是教师主导式、还是讨论式或研讨式，运用案例教学的主要过程都是围绕案例进行分析与讨论。综合已有文献和资料，本书认为案例教学过程实际上就是一个"找"或"剥"知识点的过程，主要包括下面三个环节。

5.2.1　教学设计

（1）知识点

　　一个好的案例背后需要一整套支持系统。第一，案例要有明确的教学目的，要与一个或数个知识点对应。第二，企业数据丰富真实，行业背景齐全，且与案例中的角色和情境相关。第三，案例使用者需要经过深入的讨论才能得到答案。例如，笔者在讲授《供应链管理》的时候，就将该门课所涉及的知识点进行梳理，见表 5 - 2。

表 5 - 2　供应链驱动因素与衡量指标知识点体系

节	小节	知识点
2.1 绩效及 相关概念	2.1.1 绩效、绩效评价与绩效管理	SCM - 020101 - 01 绩效的概念 SCM - 020101 - 02 绩效评价的概念 SCM - 020101 - 03 绩效管理的概念

节	小节	知识点
2.1 绩效及相关概念	2.1.2 绩效与生产率等概念的关系	SCM－020102－01 生产率的概念 SCM－020102－02 效率与效果 SCM－020102－03 生产率、效率与效果的关系
	2.1.3 绩效评价理论与方法的发展	SCM－020103 绩效评价理论与方法发展
2.2 供应链绩效评价概述	2.2.1 供应链绩效评价的特点	SCM－020201 供应链绩效评价的特点
	2.2.2 供应链绩效评价的意义	SCM－020202 供应链绩效评价的意义
	2.2.3 供应链绩效评价的原则	SCM－020203 供应链绩效评价的原则
2.3 供应链绩效驱动因素的框架结构		SCM－020301 供应链绩效驱动因素的框架结构
2.4 供应链绩效驱动因素	2.4.1 设施	SCM－020401－01 设施的定义 SCM－020401－02 设施的作用 SCM－020401－03 设施决策的组成
	2.4.2 库存	SCM－020402－01 库存的定义 SCM－020402－02 传统企业库存管理模式存在的问题 SCM－020402－03 库存在供应链中的作用 SCM－020402－04 库存决策的作用
	2.4.3 运输	SCM－020403－01 运输的定义 SCM－020403－02 运输在供应链中的作用 SCM－020403－03 运输决策的组成
	2.4.4 信息	SCM－020404－01 信息的定义 SCM－020404－02 信息在供应链中的作用 SCM－020404－03 信息决策的组成
	2.4.5 采购	SCM－020405－01 采购的定义 SCM－020405－02 传统采购模式存在的问题 SCM－020405－03 采购在供应链中作用 SCM－020405－04 采购决策的组成

续表

节	小节	知识点
2.4 供应链绩效驱动因素	2.4.6 定价	SCM - 020406 - 01 定价的定义 SCM - 020406 - 02 定价在供应链中作用 SCM - 020406 - 03 定价决策的组成
2.5 供应链绩效评价基本问题		无
2.6 供应链绩效评价指标体系		SCM - 020601 供应链绩效评价指标体系
2.7 供应链管理整体架构		SCM - 020701 供应链管理架构

有了明确的知识点，就可以开始进行案例编写和案例选择工作。

（2）案例类型

教学案例主要是指情境与状况，与我们通常所说的"举例"中的"例子"一词所对应的英文词"example"有着微妙的差异。案例的内涵比举例要广阔得多，包含某种管理情境在内。管理教学案例，就是根据一定的教学目的，在进行实地调查的基础上，围绕一个或几个问题，对实际情境、管理状况所做的客观描述。

（3）案例结构

案例结构和相应内容见表 5-3。

表 5-3　案例结构

组成部分	内容	举例
①标题	标题是教学案例的名称，通过标题把案例内容和案例企业点出来。标题要名实相符生动活泼点明主题	素描型：《美国人民捷运航空公司》《第五冶金设计院》 问题提示型：《ANC 电子有限公司的 ERP 系统建设》《固定工资还是佣金制》 画龙点睛型：《海尔文化激活休克鱼》《天业公司的"人力资源铸造"》

组成部分	内容	举例
②摘要和关键词	对案例主要内容的概括，便于读者了解案例的主题及领域。由于案例所要求的真实与客观，与学术论文的摘要有所不同，案例的摘要不能强调案例的结论和该案例的意义，更多的是对案例的概括性白描。按规范与惯例，摘要后面需要提供 2~5 个关键词	高洋公司的人才流失 摘要：本案例以高洋公司为背景，描写了该公司在面临经营环境压力和人才流失问题的条件下，通过增设开发部、改革薪酬体系和实施末位淘汰制等一系列措施进行战略调整和组织变革，尤其以技术部门的内部管理为调整重点，试图调动技术人员的积极性，但结果却收效甚微，部分措施甚至适得其反。这一方面可以启发人们思考企业对核心部门员工（包括核心员工）应该如何管理，才能留住人才、激励人才；另一方面也可以从薪酬公平的角度来思考薪酬设计的科学性 关键词：离职；激励；制度改革
③引言	即案例开头的一段话。主要概括说明案例描述的时间、地点、主要人物、主要情节，点出主题，透露案例的梗概，使读者有个总括了解。这一段要求做到简洁并能引起读者兴趣	
④背景材料	在描述案情本身以前，交代一下企业的概况和外部条件，如企业的地址、历史沿革、组织机构、生产状况、市场需求、发展前景等等，作为读者分析案情的必要条件。背景材料应根据需要安排，可详可简，也可设专门段落说明，但必须适度。多了会冲淡主题，过少又影响学生对问题展开分析	

组成部分	内容	举例
⑤事例	这是案例的核心内容，案例的主体。通过这一部分内容把案例的目标，描述的内容、情节、条件、依据等传达给学员。事例的表述，关键是要把事情的来龙去脉讲清楚，使学生能够据之分析问题	其表达方式有：①按时间顺序编写，纵向反映企业的过去和现在，通过分析展望未来；②按事物类别编写，从横向反映企业各部分的彼此关系，便于在错综复杂的事物中找出主要问题；③按事物逻辑关系编写，即围绕某一主题，将有关材料与主题的逻辑关系展开；④按混合方法编写，即以上述一种方法为主，结合其他几种方法叙述
⑥结尾	结尾一般是提出案例中要求学员分析和回答的问题，但也有案例正文后无结尾的，即案例只描述情况，不提出问题，由学生自己动脑筋，广泛思考	设不设结尾可视教学对象而定。不设结尾，有时容易使学生思考不集中，一时不得要领，但有助于学生思维空间的扩展
⑦提示或附件	这部分内容主要是对一些较难的案例提示学员思考，促其沿着正确的思路前进，或列示一些必要的参考资料，如表格、照片、插图、银行利率、历史资料、产品价格、其他单位的情况等。这些可根据需要安排，并不要求每个案例都有	可根据需要安排
⑧参考答案	教学案例并不一定有统一答案，更无标准答案，很可能几种回答都是正确的，关键是案例分析的思路与结论是否呼应，是否系统地应用了所学的知识	案例分析主要是提高分析能力，而不单纯以答案的结论来定优劣。给出参考答案，是使学生进行案例分析后可以对照检查，一般也只是列举计算过程和结果，判断和选择的结论，而从略分析过程

（4）案例选题

案例选题确定是编写案例的前提，选题应该是一个既生动活泼又能发人深思的故事。在这里至少要考虑以下几个因素：

第一，应该是一个完整而真实的故事，这是案例选题的第一要素。

第二，故事应该隐含有重要的理论、最新的思想或有效的方法，这是由学校教育特点所决定的。

第三，案例故事具有新奇特性，可以与传统的思想、现行的理论或公认的逻辑相悖，这样既可以引人入胜，又可以让读者提出一系列问题。

第四，案例故事的内容包含重重矛盾，乍一看似乎难以找到解决方法，这样的案例故事情节就必然是跌宕起伏的了，选择这种事件作为案例研究的对象，就会使所描述的故事生动具体，活灵活现，引人入胜。

实际上，案例选题的确定和案例故事的来源有着密不可分的关系，教师应该始终注意收集案例信息，就像科学发现常常出于瞬间的思想一样，一个平常的管理事件所触发的灵感，就可能诱发一个优秀的案例选题。值得一提的是，同样的案例选题，有一些案例报告写得很好，有一些案例报告却写得较差，其原因还在于花在深入实际调查上的功夫够不够，从事案例编写的人员，应到自己所考察的对象中间去观察、体验和学习，取得大量鲜为人知的重要信息，这样对故事的描述才能非常具体和细致。总之，要真正做到从真实的世界里确定案例选题和寻找案例故事来源。

5.2.2　案例编写

（1）案例编写存在的问题

外国人写的案例拿给中国学生来看就会有隔靴搔痒的感觉。哈佛商学院写的中国企业海尔和联想的案例并没有得到企业领导人和学生们认可。因为中国企业的情境是外国人写不出来的，中国人关心的点与外国人也不同。中国正处于从计划经济向市场经济的深刻变化中，这种转型期的内涵非常丰富，许多情况是外国没有的。与国外尤其是欧美国家数百年的市场经济历史相比，我国的市场环境还很不健全，企业常常在企业制度、治理结构和经营理念等基础方面出问题。而国外的企业在成熟的市场环境中成长，在这些方面已经是共识，问题多集中在流程和战术层面。

当前，案例编写存在以下难题：

第一，本土案例开发经费不足。案例的编写需要大量资金的投入。案例开发费用主要包括交通、食宿等差旅费、教授指导和写作人员的劳务费。由于案例编写对人员素质要求较高，因此人工成本相当高。一般情况下，案例作者都是具有一定理论素养和实践经验的学生，他们劳务报酬的市场价格在中国人才市场上比较高。而且，一个优秀案例需要反复修改，时间也是相当长的，这也导致案例编写成本的上升。据北大案例中心测算，一个优秀案例的成本至少在 10000 元人民币。清华大学案例中心向全国招标的付费标准是平均每千字千元，即一个字数在万字左右的案例需要支付案例作者 10000 元人民币。但是，这样的案例开发成本是中国绝大多数商学院或管理学院所无法承受的。

第二，企业数据难以采集。案例的写作一定要得到企业的配合，才能保证案例的真实性，企业需要提供关于市场、销售、财务、组织结构等数据，还要接受调研人员的访谈。但是在国内，真正愿意公开自己真实情况、接受客观案例写作的企业数量还不多。企业常常是出于宣传的考虑才接受案例编写。由于企业对案例理解错位，一些企业把案例编写当成了做软广告的一个手段，不愿意透露企业中存在矛盾和问题的地方。有的企业对案例编写信任不够，企业也不愿意透露极其敏感的商业数据，这使得目前国内编辑的案例看起来很单薄。

第三，没有统一编选、制作、覆盖工商管理学科的案例库。由于缺乏这样的案例开发和提供机构，导致不仅案例的覆盖性和系统性均较差，而且由于案例应用程度不高，案例得不到教学检验和市场检验，使案例不能得到及时的更新，易失去时效性和应用性。并且，国内目前使用的案例许多是直接采用报纸杂志甚至传记文学的内容，缺乏对企业管理过程的专业性审视和洞察，从原始材料的选样就已经偏离企业管理的视觉，难以进行深入的专业化分析。

（2）案例编写的原则

第一，明确目的性。教学目标总的来说，就是要提高学生分析问题和解决问题的能力。而每个教学案例的设计，总是要求在讨论中能突破课程中的某些重点、难点，使学生在课程的某些问题上有较深的理解。

第二，很强的拟真性。教学案例是在实地调查的基础上编写出来的实际事例，是对事实和环境的客观描述，而不是人们主观臆造出来的。尽管也可以对某些情节进行虚构，但其内容必须有客观依据。所写出的实际事例应是具有典型性、代表性的，而不是偶然发生的，并且要严谨合理、合乎逻辑。此外，编写的案例应该是客观描述，主要是摆事实，而不加入案例编写人的评论性和分析性语言。

第三，虚拟要合理。案例要求真实，但并不排斥合理地虚拟情节，如企业名称、当事人姓名、有关数据资料等。虚拟是为了使案情更加充实，或用以替代不宜公开的事实和数字。虚拟并非完全无中生有，而是把别处的情况移植过来，如把报刊上报道的事例、其他企业的情况，经过改造加到案例中来，使案例的情况更加集中、更加典型化。但虚构要合乎逻辑、情节合理，资料编撰严密，不要胡编。

第四，材料要恰当。编写案例要注意理论与实际相联系，材料与观点相统一。进行案例调查所搜集到的情况是多种多样的，编写案例时必须做一定筛选，去粗取精、去伪存真，删去枝蔓、留下主干。不能"胡子眉毛一把抓"，使学生看了不得要领。案例中列举的材料，应当围绕所要分析的问题进行展开，有助于学生思考。有些为了锻炼学生分辨问题实质的能力，也可适当安排一些似乎有用、实则无用的材料，似是而非的情节，虚晃一招，布些疑阵，但数量要控制，材料要精选。

第五，较大的启发性。案例应具有开发人们智力的功能。因此，在案例中应含有供学员思考分析的问题。案例中的典型事例，都是为了说明一定的问题，有的反映经验，可供学习，而更多的则是反映缺陷、病情，需要加以治理。其中有的问题比较外露，有的比较隐晦，而通常则是显而不露、引而不发的，让学生自己去发掘。问题犹如衣服上的扣子，每个案例总要设计几粒扣子，学生在分析案例时，要能找对这些扣子，才能顺利地解开它。案例中蕴含的问题并不在多，而要能启发人们广泛地思考，且从书本上找不出答案，甚至也不能找到得出答案的直接方法。蕴含的问题越能诱人深入，越能给学生留下较多的思维空间，教学效果就越好。

第六，构思要巧妙。案例的特点是问题显而不露和引而不发，把问题寓于情节之中，本质寓于现象之中，答案寓于故事之中。因此，在有限的字数内，为了表述案例内容就要注意构思，情节的描述要讲求技巧，注意虚实相间，若明若暗，耐人思考，使学员对问题的分析既不是轻而易举，又不是不可捉摸，又能启发学生智力。

第七，语言要生动。案例虽不是故事但为了引起学生进行案例讨论的兴趣，案例的编写也要采取引人入胜的形式，使用耐人寻味的语言。尤其是对客观情节的描述，可曲折表现，使其生动活泼，增加趣味性。

（3）案例编写的步骤

①案例的缘起：这是编写者做出决策的过程，认为"我需要一个案例"。

②线索：寻找能够提供案例并且愿意合作的组织，与该组织取得联系。

③初步接触：尝试上述线索是否存在，该组织是否愿意提供信息资料。

④收集资料：收集与案例相关的信息。

⑤案例写作过程：将信息资料进行组织、加工整理的过程，以使读者能够了解组织形式。在案例的写作过程中，相当一部分编写者喜欢这样一个标准的案例写作范式：即首先陈述问题，引起学生兴趣；接着针对公司背景和特定部门、特定情境展开讨论；然后以所描述的特定问题的全面发展结束案例。

⑥发表：征得提供案例组织的有关人员同意，将案例应用于教学目的。

在已有文献和笔者教学实践的基础上，笔者提出了一个"QTMHM"模型，即"问题界定（question）——理论（theory）——概念模型（model）——假设（hypothesis）——素材（materials）"，如图 5-2 所示。

首先，如前所述，案例故事应该含有重要的理论或方法。即在写故事之前，必须明确问题的理论背景和逻辑，这些在故事中可以是隐含的，也

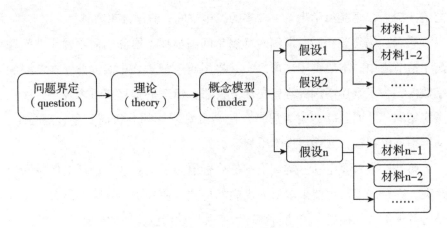

图 5-2　案例编写的 QTMHM 模型

可作简单交代。这样才有可能作进一步的分析提炼和理论概括。否则，就会把案例编写变成单纯的讲故事，使案例失去进一步研究的价值和意义。

其次，案例故事应该能提出理论、方法或思想假说，并能通过案例加以验证。这样不仅可以将案例一般化，也是在理论、方法或思想上进行开拓创新的重要途径。在对理论、方法或思想的检验过程中，不论是对其中的一种进行否定或肯定，还是提出新的另外一种，都要进行各类比较，既要说明原有的一种为什么适应不了新的现实，也要提供可用的另外一种的依据，从而创新性地提出切实可行的可供选择的方案。因此，案例故事的水平和质量还取决于能否提出恰当的理论、方法或思想的假说，这就要注意：一是要掌握本门课程的理论知识和问题分析技巧；二是要从现实事件中发现某些理论和实际的悖谬与矛盾；三是在现实事件中难以说明时，要突出而不是损伤假说的现实性，或使之更接近现实。

最后，对从案例故事中所提出的理论、方法或思想假说进行个案实证和检验。这是案例研究的中心环节，也是把实例一般化的关键点，在分析过程中，除了文字描述和分析形式外，还要应用诸如模型、图表等形式，将故事结构安排得丝丝入扣。

笔者曾在课程"现代管理学"教学过程中编写过一个案例故事，案例以笔者曾参与过的"陕北矿业基本建设管理"管理咨询为例，讨论基本建设管理信息系统建设的一系列重要问题。文章包括以下几个部分：①描述

"陕北矿业"近几年企业发展的故事；②交代本文的理论背景，概述与本文有关的亚当·斯密、斯隆等人的分工理论和计算机网络理论，明确是在这样的理论和方法系统中来讨论问题；③构造一个关系模型，分别描述董事会、总经理和企业管理部门以及下属公司的博弈过程，说明分工理论与企业现实情况的矛盾；④进行个案实证，结合宏观和微观环境、企业内部和外部环境的变化过程具体讨论"陕北矿业基本建设管理"所遇到的管理问题的症结；⑤进行规范分析，由"陕北矿业基本建设管理"案例中得出相应的理论和方法结论（如企业过程重建 BPR 方法）和解决问题的计算机网络系统方法建议。值得一提的是，该教学案例的问题决策空间很大，因为是针对一门课程的教学案例，所以对理论和方法的背景必须有所限定。

实际上，案例编写的过程就是"种洋葱"的过程（如图 5 - 3 所示），把知识点（理论和原理）用材料层层包裹起来，是一个"埋"知识点的过程。

图 5 - 3　案例编写的"种洋葱"过程

（4）教师手册

教师手册包括教学目标、设计"迷宫"和课堂流程。设计"迷宫"就是如何把知识点埋在一个合理的情境中，围绕该部分知识点就可以收集材料编写案例了。

5.2.3　案例预习

学生基本素质、对案例的熟悉程度和课堂参与度是影响案例教学课堂效果的重要因素。中国几十年的传统教育方式，使很多学生养成了被动接受知识的学习习惯，对案例学习方法比较陌生甚至不接受。一些在管理学院学习的学生不知道如何进行案例的课前准备，在小组和课堂讨论中表现得消极被动，一些学生课前没有花足够的时间阅读分析案例资料和学习相关理论，在课堂上无法很好地参与到讨论中去，或者不习惯当众发表自己的见解，这些都会导致案例教学效果不佳。

在传统课堂教学方式中，教师是主角，学生完全处于被动的地位，是一个听讲者的角色，学生的声音在大多数情况下是忌讳的；在案例教学方式中，学生却必须扮演一个活跃的角色。课前必须仔细阅读指定的案例材料，进行认真的体会、分析和思考，最好还要与其他同学共同组成研究、讨论小组，培养团队合作精神，以做出自己对案例故事所描述问题的决策，并得出现实而有用的结论。在课堂上，应该积极表达自己的思考分析过程和最终结论，并和其他同学展开辩论。在这里，学生是主角，既可以从自己和他人的正确决策和选择中学习，也可以从可以承受的错误中学习，即从模拟的决策过程中得到训练，增长才干。这样，学生学到的知识就不再是书本上的一般概念，而是活的知识和思考问题、解决问题的方法和能力。

5.2.4　陈述与提问

首先，教师对案例情况进行快速陈述，最多不能超过 10 分钟。

其次，找准切入点，抛出第一个问题，不能按材料的顺序。提问的时候，有针对性地提出问题，使学生认识到自己错在哪里，以便作深入分析并加以修正。有些难度很大的问题，并没有标准答案，教师可提出问题，让学生广泛参与讨论，而不应得出唯一答案，关键是看讨论的思路是否对，分析的方法是否恰当，解决问题的途径是否正确，尤其要肯定一些好的分析问题的思路及一些独到的见解。

传统教学法使用的是具有比较固定模式的教科书，对理论和方法的介绍大多是从发展历史开始，然后具体解释，再举例应用，最后给出展望；而案例教学法使用的是案例故事，是对特定管理情境和实际企业过程的描述。

教师在传统教学中的角色是讲解员、教导员，要把自己知道的知识和思想传授给学生。因此，只要教材熟悉，逻辑清楚，语言顺达，就尽到了教师的责任，如果再能旁征博引、诙谐风趣，深入浅出，使学生始终注意力集中，就是一名好教师了。在这种场合下，双向交流只是作为教师了解学生掌握知识情况、学生有疑问而请教教师的一种形式。在案例教学法中，教师应该是指导者和推动者，要领导案例教学的全过程。

教师在课堂上要领导案例讨论全过程，引导学生去思考、争辩，做出决策和选择，对案例中的特定问题提出解决方案，引导学生不仅从案例中获得某种经历和感悟，而且要探寻特定案例情境复杂性的过程及其背后隐含的各种因素和发展变化的多种可能性。在此，教师既不能无所事事，任课堂放任自流，也不能严格控制讨论过程，而是在必要时用问题引导学生围绕案例主题说出自己的思想。实际上，这种讨论对于教师来说也是一个学习的过程。

5.2.5　记录与响应

教师要能成为一个很好的课堂组织者，调动学生进行充分的思考和讨论，把学生脑中的想法"榨"出来。

记录包括以下内容：

①案例所提供的事实经验；

②案例分析所适用的理论；

③案例问题的解决方案；

④案例讨论所归纳出的共通性观点。

5.2.6　分析与总结

综合分析 Ivey 和 ECCH 的观点，笔者将案例分析应包括的内容归纳为以下方面：

①案例概述；

②案例基本分析；

③基于案例的讨论题，这是案例编写者在完成案例写作之后，一般都明确列出要求学生讨论的问题，这些问题对于学生从整体上把握案例有重要的指导作用；

④讨论题的建议答案，或者如果没有具体答案，至少要指明用什么理论进行分析，从什么角度、如何切入案例分析，以免学生讨论及结论违背案例的初衷；

⑤进一步阅读的材料；

⑥对使用案例组织教学的建议。

在此值得一提的是，许多学生对案例的分析常常是"未做诊断，先做判断"，这些学生似乎天生就是 CEO 的料，很喜欢下结论、做总结，拿到一个案例故事，内容尚未理解透，就已经在下结论了。笔者曾在一个案例"陕北矿业基本建设信息系统建设"故事中提到项目招投标过程中的一个细节："先答应用户一切，然后做你能做的和你认为用户所需要的"，对此细节，多个班级的许多学生首先就简单地认为是欺骗用户，鲜有学生对用户的知识水平、专业技术能力等作深入的思考以后提出这种做法的合理性。

案例教学绝不是课堂举例说明，一个好的案例讨论常常会使课堂争辩激烈、发人深思而难以结束，可以使参与的学生一览无遗地表现其综合素质。

课堂讨论结束后，教师要对教学内容进行归纳。要重点讲清案例所贯穿的知识点和处理此类问题的一般方法，使学生实际工作能力得到培养和锻炼。

老师在讲台上讲，学生在座位上记，这种方式或许显得有些古板和传统。但是，世界上许多著名商学院 MBA 的教学模式也并非只有案例教学一种，它们对 100% 的案例教学也提出了质疑。实践也证明，在欠缺理论功底基础上的案例讨论和分析往往会流于形式，尤其是我国长期以来的应试教育模式造就的思维方式使得一些学生还难以适应案例教学。

为了克服案例教学的弊端，笔者提出在总结环节增加一个"重点知识讲解"环节。事实上，教师对一门学科的重点和难点进行适当讲授，是教学中不可缺少的重要环节。

5.2.7　评估与改进

教师还应对教学过程进行评价，对学生学习、参与课堂讨论状况进行总结。学生可以记录通过案例学到的主要观点和思想，检查个人预先分析情况，找出需要改进的地方。教师对学生的成绩评定一般从 3 个方面进行，即分析判断能力、决策能力和创新能力。

5.2.8　案例分析

案例分析报告的撰写是对学生分析案例和掌握知识水平的考验，也是评定学生成绩的重要依据。案例分析报告要求学生对案例核心问题把握准确，分析问题有理有据，应用理论恰如其分，解决问题思路清晰、方法新颖且具有可操作性，同时要求案例分析报告行文格式规范、文字优美。

案例分析报告撰写一般要经过以下几个环节：第一，阅读案例，查阅案例企业的相关资料，编写案例分析提纲；第二，在小组讨论的基础上撰写案例分析报告初稿；第三，进行课堂讨论；第四，整理课堂讨论意见，对案例作进一步的研究，充实、完善案例分析报告初稿，形成正式的案例分析报告。

具体地讲，笔者认为应包括以下程序：

①仔细阅读案例，从中找出主要的症结和隐含的问题，即分辨情况和提出问题。

②列举事实，找出有关事件，并按其重要性进行排队，即挑选事实和予以排队。

③依据所掌握的理论知识和案例提供的事实，针对案例隐含的问题展开分析。

④提出可供选择的对策方案，做利弊权衡。

⑤做出决策，提出依据，并予以讨论。

⑥归纳结论。

在笔者的教学过程中，提出了以下的案例分析报告的格式，见表 5 - 4。

表5－4　案例分析报告格式

项目	内容
基本事实	事件背景 人物背景
关键问题	显性问题 隐性问题
关键问题分析	理论依据 实践经验
建议的解决方案	方案一与利弊分析 方案二与利弊分析
附注	

5.2.9　学术创新

学术创新就是基于案例分析，用案例研究方法深度挖掘案例素材，写一篇学术论文。

案例研究不同于案例教学，见表5－5。案例研究是一种从完整丰富的经验故事中提炼理论的研究方法。这种研究方法综合运用多种收集数据和资料的技术与手段，通过对特定社会单元（个人、团体组织、社区等）中发生的重要事件或行为的背景、过程的深入挖掘和细致描述，呈现事物的真实面貌和丰富背景，从而在此基础上进行分析、解释、判断、评价或者预测。

表5－5　教学案例与研究案例

	教学案例	研究案例
开发案例的目的	教学案例将管理理论应用于管理实际，为学生设定一个身临其境的解决问题式的学习过程和环境	研究案例是为验证理论命题或发现企业实践活动中新的客观事实、新思想而开发的管理案例
资料收集方法	第一、二手资料均可，不强调资料来源的真实性	强调第一手资料，来源要求真实并有证据

续表

	教学案例	研究案例
案例编写方法	教学案例一般把复杂事实如实再现给学生，围绕着一个命题让学生展开想象、自由议论，没有研究结论	研究案例一般透过复杂现象，按企业成长的发展轨迹或事物发展的主脉理顺其因果关系，而用深入浅出的语言撰写案例、暗示研究结论

可采用潘善琳、崔丽丽的 SPS 案例研究步骤进行❶，如图 5-4 所示。

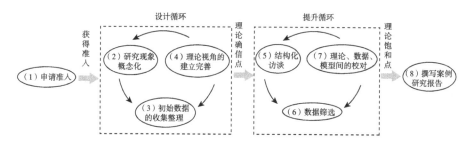

图 5-4　SPS 案例研究步骤

5.2.10　课程设计

进一步深入挖掘案例素材，对课程相应内容进行课程设计。课程设计指的是某一课程的综合性实践教学环节，是对学生进行的一次综合性专业设计训练。通过课程设计使学生获得以下几方面能力：一是进一步巩固和加深学生所学一门或几门相关专业课（或专业基础课）理论知识，培养学生设计、计算、绘图、计算机应用、文献查阅、报告撰写等基本技能；二是培养学生实践动手能力及独立分析和解决实际问题的能力；三是培养学生的团队协作精神、创新意识、严肃认真的治学态度和严谨求实的工作作风。

整个设计过程大致可以分为以下几个阶段：

---

❶ 潘善琳，崔丽丽. SPS 案例研究方法：流程、建模与范例 ［M］. 北京：北京大学出版社，2016.

第一步：拟定题目。教师就某知识点对应的能力培养，拟定出具体的实践操作问题。

第二步：资料查阅。依据选定题目的研究领域，学生进行反复思考，大量参阅文献和资料。

第三步：方案设计。根据选定题目的要求初步设计出解决该问题的若干数学方法和模型或方案等，将各种方法和模型进行比较及可行性论证，然后才能将最终模型或方案确定下来。

第四步：模型求解。运用数学软件对模型求解，求解过程中会发现模型存在许多问题，而这些问题不通过实验是不容易检查出来的。因此，在完成课程设计之前，模型建立和求解是一个循环的过程。

第五步：模型检验。要善于用理论与实践相结合的方法检验模型的解与设计实际情形是否相符合；运用数学方法进行灵敏度分析、误差分析和稳定性分析等，对所存在的问题尽快找出解决问题的方法和途径，甚至需要修改模型。

第六步：小组辩论。让学生在争辩中相互学习，千万不能让学生"一交了事"。

第七步：比较分析。一般情况下，教师给定的题目是正在从事的研究和咨询项目，还可以让学生比较和揣摩教师已经完成的作品。

第 6 章　OMO 融合式教学平台

实践出真知，艰难困苦、玉汝于成。物流管理类人才只有放下身段，将自己真正下沉，在物流行业的广阔天地中去拓展自己，抱着向一线员工学习、向基层干部学习、向生活学习的态度，放低姿态，乐意在小事上去磨炼自己的毅力、耐力。只有真正把心放到基层，沉下去，反复磨炼、不断淬炼，才能把能力磨炼出来的。

6.1　平台架构

6.1.1　融合式教学平台

"融合式学习"是取之于"Blended Learning"的中文意思，其含义广泛。根据学者 Michael Orey 对它从学习者、教授者及教学管理者等几个不同角度的定义，可以将"融合式学习"理解为各种技术、媒体、人力资源等在教学活动中的优化组合、融合运用。何克抗首次在中国大陆提到了该理念，认为"所谓 Blending Learning 就是要把传统学习方式的优势和 E - Learning（即数字化或网络化学习）的优势结合起来。"❶ "Blended Learning"除了被译作"融合式学习"外，还被译作"混合式学习""混成式学习""掺合式学习"等。

---

❶ 何克抗. 从 Blending Learning 看教育技术理论的发展 [J]. 中国电化教育，2004 (3)：5 - 10.

美国教育界曾经广泛流传一句话，Google 上能够查到的东西不需要在课堂上教。如果按照这个标准，传统的以知识传授为主体的课堂教学就需要转型。所以，未来的教师会从现在大量重复性的、简单性的、烦琐性的劳动中解放出来，能够娴熟地运用智能机器人，娴熟地获取各种教育资源，利用各种数据处理的方法与技术，及时分析教育教学中的各种案例与问题。

2012 年以来，慕课（MOOC）在美国、英国、法国等国家兴起并发展迅猛，一度被认为是传统大学的颠覆者。为解决大规模慕课质量无法保障等弊端，中国高校慢慢走出了"1（平台）＋M（大学）＋N（学生）"的慕课模式，即 1 个慕课平台提供课程内容，学生所在大学（M）的教师借此开展小规模的针对性课程（SPOC），利用线下翻转课堂教学来完成对于大规模（N）学生的授课，学生可以 OMO 方式进行学习。

传统课堂的教学内容一般要紧紧围绕教学大纲、教学进度表、教材以及教师所编制的教案，因为只有这样才能保证教学的规范性，然而却很难保证授课内容的扩展性。如果教师经常布置零散的课外资料，学生往往不会持续关注这种缺乏系统性的课外学习任务。笔者根据教学实践设计了如图 6 –1 所示的融合式教学平台。

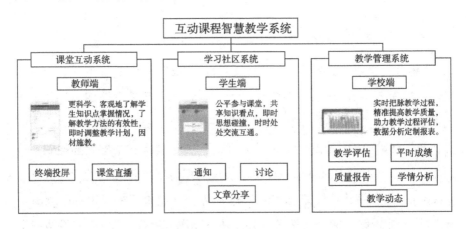

图 6 –1　融合式教学平台

6.1.2　素能平台架构

为了能够紧紧跟上"智慧物流"时代变迁的步伐，物流企业对企业自身的核心要素资源——物流人才的要求，也正在发生着巨大的变化。当前物流人才需求也正呈现出二元化剧变：一方面，物流信息化复合型人才正成为业内的宠儿；另一方面，仓储、理货、分拣等低端物流人员的需求正在被越来越多的人工智能方式所取代，再加上物流行业兴起的"自营 + 众包"，对物流企业人员雇佣结构也产生了极大的冲击，使得物流企业对低端物流人员的需求大幅下降。

另外，物流服务是一个动态的、连续的服务，服务质量的持续提高是企业生存和发展的基础。一体化物流过程中存在多个环节，任何一个环节出现问题，轻则可能增加企业不必要的费用支出，造成企业的经济损失；重则可能导致物流服务中断，造成客户更大的损失，引起法律纠纷和大数额的索赔。

因此，物流管理人才最重要的是要拥有综合运用知识和解决问题的能力。素能的形成不可能是一朝一夕的，在能力修炼的过程中，物流管理大学生需要在一个个平台上来实现。笔者设计了如图 6 - 2 所示的平台架构，即科研平台 + 素能平台。

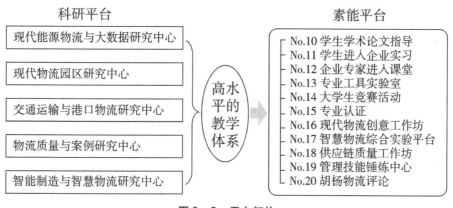

图 6 - 2　平台架构

6.2　智慧物流综合实验平台

6.2.1　物流实验室演变

物流是连接生产者、销售者和消费者之间的网络体系，在现代经济体系中扮演着越来越重要的角色。我国物流业已处在向信息化、网络化发展的阶段，正从靠苦力挣钱的"蓝领"产业逐渐转为靠管理、智力、知识、技术发展的"白领"产业。物流行业借助互联网、物联网、大数据、云计算、人工智能、区块链等技术，正发生翻天覆地的变化，中国物流业的新时代，即将由智慧物流引领开启。智慧物流的建设，已成为推动物流业供给侧结构性改革的重要引擎。

实验课是国内教育公认的薄弱环节，我国学生普遍缺乏上手练习和允许犯错误的机会，而国外教学培训机构绝大部分的仪器设备，任何类别的学生，都可以亲手操作。很多知识只有在亲身实践之后，再加以理论指导才能理解透彻。国内各类学校的物流实验室经历了以下演变，见表 6-1。

表 6-1　物流实验室的演变

物流实验室	主要特点
第一代流程模拟软件实验室	实验设备主要是电脑和物流管理软件，其优点是投入少；缺点在于学生对软件所体现的企业业务流程没有概念，没有直观体验，实验数据也经常随意填写，实验结果难以评价
第二代物流硬件设备实验室	大量采购一些物流设备，例如 AGV 小车、自动化立体仓库、无动力滚筒传输链、POS 机、RFID 标签拣选货架等硬件设备。这类实验室的优点是直观，整体效果好；缺点是投入大，场地要求高，但能操作的岗位数少且层次偏低；设备维护难，实验组织管理难
第三代物流集成实验室	这类实验室是前两代的结合体，在此基础上，安装大量物流管理教学软件，例如智能生产管理软件、采购管理软件、仓储管理软件、运输经营模拟软件、仓储经营模拟软件、配送经营模拟软件、国际货代实训平台等，做到了实验室硬件、软件具备。这类实验室的优点是直观和系统性；缺点是实验设备对流程与数据都没有任何柔性，只能按部就班地操作，维护比较困难
第四代物流虚拟实验室	通过数字仿真、模拟流程、虚拟现实等方式生动直观地展示知识、技术和生产服务岗位，例如 ITMS 三维互动运输体验式培训平台、物流 VR/AR 实验室等。这类实验室的优点能模拟真实企业环境，缺点是内容单一
第五代智慧物流综合实验室	这代物流实验室的特点就是数据驱动、算法驱动和可视化，全面接入大数据平台。这类实验室的优点是轻资产化，是未来趋势

6.2.2　功能和实验内容

随着大数据、云计算和移动互联等技术的高速发展,"互联网+"思维对传统教育带来了革命性的冲击和挑战。从教育视角认识"互联网+",应当看到这场风潮带来的不仅是教育技术的革新,更是对教育理念、教育体制和教学方式等诸多方面的冲击,并由此推动着现代教育向数字化、网络化和智能化方向发展。

西安科技大学物流管理人才的特色方向是国际货运代理和智慧供应链,目标是培养具有七种素能的高级应用人才,在此基础上和根据表3-8,智慧物流综合实验室将由"1+N"构成,"1"即物流产业大数据平台,"N"包括大数据基础教学系统、FIATA 教学与认证系统,企业智能决策系统、物流系统规划系统、基于大数据的智慧配送系统、基于大数据的物流园区仿真系统、西部物流指数研发系统、大数据教学系统、基于大数据的智慧配送实验系统、物流算法与仿真系统以及其他系统(见图6-3),其中物流算法与仿真系统由 LINGO、GAMS、Matlab、Tableau、HLM、Gauss、Vensim、AHP、Flexsim、Anylogic、Oracle Crystal Ball 构成。

该系统具有三个优点:一是数据驱动,二是以素能培养为导向,三是可扩展性。该实验室能解决以下问题:解决教学支撑数据问题。平台提供大量宏观、中观、微观的物流产业数据,解决学生对产业背景的了解及教学实践中的数据支撑问题;解决教学手段单一问题。提供专业的教学实践平台,可与教学过程的验证、设计、实践环节相结合,可满足教学全过程的组织与管理;解决高端人才培养问题。平台汇聚大量物流咨询项目案例资源,包括了产业规划的大量经验知识及众多实际问题的解决方法,使学生能深入了解物流系统咨询规划内容,为学校培养高端规划人才打下良好基础;解决产学对接问题。平台与实际物流产业对接,使学生能有效了解企业运营优化中存在的问题,提高学生在企业经营中的管理决策能力;解决产学研管用一体化问题。通过西部物流指数研发为西部物流产业提供政策建议和数据支撑;解决数据算法实验问题。使得相关教学不再"空对空"和"理论对理论"。

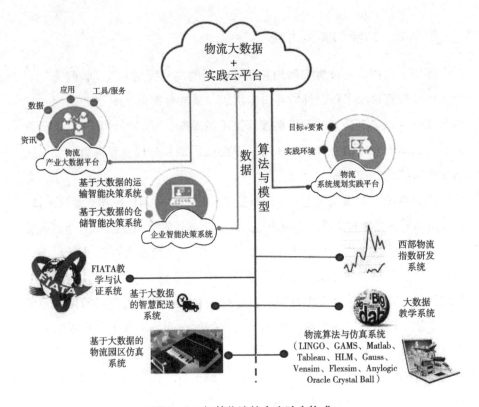

图6-3　智慧物流综合实验室构成

6.2.3　物流实验课程规划

根据具体的培养方向，西安科技大学物流管理专业校内实验课程体系见表6-2。

表6-2　校内实验课程体系

序号	实验名称	专业群	课程内容
①	大数据教学实验	物流管理，工商管理，电子商务，会计，信息管理	JAVA、LINUX、Hadoop、spark、python、storm、云计算等
②	企业决策模拟实验	物流管理，工商管理，电子商务，信息管理，工程管理	以 Crystal Ball 为主，进行财务风险分析、定价、工程、六西格玛、投资组合分配、费用估计和项目管理等企业战略决策模拟

续表

序号	实验名称	专业群	课程内容
③	物流数据与算法实验	物流管理，工商管理，电子商务	主要结合课程讲授 LINGO、GAMS、Matlab、Tableau、HLM、Gauss、Vensim、AHP、Flexsim、Anylogic 等软件的运用
④	FIATA 教学与认证系统	物流管理，工商管理，电子商务，会计，旅游管理	"国际货运代理基础知识""国际海上货运代理理论与实务""国际多式联运与现代物流理论与实务""国际航空货运代理理论与实务"和"国际货运代理专业英语"等课程的教学实验和认证
⑤	智慧物流园区仿真实验	物流管理，工商管理，电子商务	物流园区布局、选址、需求预测、规模规划、功能区划、信息平台等方面的实验
⑥	基于大数据的物流运输智能决策实验	物流管理，工商管理，电子商务	运输智能决策系统主要功能是通过对交接单、运单、基础信息表等企业日常运营数据的智能分析，包括站点优化、线路优化、运力优化等
⑦	基于大数据的物流仓储智能决策实验	物流管理，工商管理，电子商务	仓储智能决策系统主要功能是针对物流企业仓储数据，通过电子地图及可视化图表等方式展示仓储环节的运作情况和优化方案，包括供货周期优化、仓储级别优化、货物结构优化、库存预警优化、供应商选择优化、需求关联性挖掘分析等
⑧	物流系统规划与设计实验	物流管理，工商管理，电子商务	物流需求预测、物流网络与选址规划、设施布局规划与设计、物料搬运系统规划与设计、仓库规划与设计等
⑨	智慧配送实验	物流管理，工商管理，电子商务	物流配送质量优化管理、物流配送成本优化管理、物流配送中心选址问题、运输计划编制问题、配送路线优化问题等
⑩	西部物流指数研发实验	物流管理，工商管理，电子商务	西部物流数据的收集和分析，定期发布西部物流指数，定期出版《西部物流产业发展报告》

在实验室建设的基础上，结合学校的实际情况，重新架构了西安科技大学物流管理专业实验实习体系，见表6-3。

表6-3　基于素能导向的实验实习体系

教学体系	知识体系	课程性质	课程编号	课程名称	学分	总学时	实验	上机	其他	考核方式
集中实践教学	独立设课实验	必修	S2210030	军事理论	1	24				
			S2240030	形势与政策教育	2	32				
		选修								
	小计				3	56				
	集中性实践教学环节	必修	S2026300	入学教育	1	1周				
			S2210020	军训	2	2周				
			S2240040	思政课实践活动	2	32				
			S2260030	毕业教育	1	1周				
			S2027012	认识实习	1	1周				
			S2025321	金工实习	1	1周				
			S2027042	物流管理业务实训	18	18周				
			S2022450	毕业实习与毕业论文	18	18周				
		选修	S2095170	办公与学术工具实验	1	1周				
			S2027222	大数据教学实验	1	1周				
			S2010020	企业决策模拟实验	1	1周				
			S2027062	智慧物流园区仿真实验	1	1周				
			S2027082	物流运输智能决策实验	1	1周				
			S2027102	物流仓储智能决策实验	1	1周				
			S2027122	智慧供应链综合决策实验	2	2周				
			S20270142	企业物流系统课程设计	1	1周				
			S2027162	运用与供应链课程设计	1	1周				

续表

教学体系	知识体系	课程性质	课程编号	课程名称	学分	总学时	实验	上机	其他	考核方式
集中实践教学	集中性实践教学环节	选修	S2027163	现代物流学课程设计	1	1周				
			S2027182	物流系统工程课程设计	1	1周				
			S2027202	物流系统规划课程设计	1	1周				
			S2027203	国际货运代理课程设计	1	1周				
		以上 11 个环节至少选修 13 学分								
		小计			55	32 + 53 周				

6.3　学术导师制

6.3.1　导师制的演变

在国外，不同高校之间本科生导师制的差异也极大。牛津大学和剑桥大学的本科生导师指导的学生非常少，一般是一对一或一对二，而且学校会支付高昂的辅导费。其他高校情况则差异较大，也有一名本科生导师负责带十多个学生的现象。在《高等教育何以为"高"——牛津导师制教学反思》一书中，作者大卫·帕尔菲曼写道，"导师制使学生个体得到的关注更多。"本科生导师制对于充分发挥教师的主导作用，提高人才培养质量具有重要意义。推行本科生导师制已成为国内外众多高校的现实选择。

早在 2002 年 10 月，北京大学率先在本科生中全面实行导师制试点。此后，国内部分高校也陆续开始了在本科生中建立导师制度的探索。教育部 2005 年 1 月 7 日《关于进一步加强高等学校本科教学工作的若干意见》中明确提出："有条件的高校要积极推行导师制，努力为学生全面发展提供优质和个性化服务。"

据《新京报》报道，2018 年 4 月 3 日，中国科学院大学招办主任冉盈志做客"教育面对面"时，表示"2018 年计划招收 398 名本科生，遴选了 980 多名导师，包括 60 多名两院院士，24 名千人计划教师，289 名'杰青'，都是教授级。学生进入国科大后，多轮双向互选，确认导师。开学后进入到导师的课题组，进行科研训练。"

目前，西安科技大学管理学院物流管理专业本科生日常培养管理主要借助"辅导员"和"班主任"。辅助员主要侧重于学生思想政治教育，班主任主要侧重于学生日常教学和班级活动辅导。因此，缺乏侧重于学术能力培养的专业辅导。目前，在国外高校和国内一些高校，逐渐施行本科生导师（Tutor）制度。实践证明本科生学术导师制度是培养本科生学术能力的有效方式。

6.3.2 重在指导"学业"与"就业"

本科教育的主要目的并不在于培养专业化人才，刚刚踏入大学校园的学生刚刚成年，他们需要较长时间来发现自己的兴趣所在，决定将来是否从事科研。并且即使一个学生选择了科研，基础课的学习对于他们的成长同样至关重要，一个高学历的科研工作者却对一些历史文化常识所知甚少，这应该也不是成功的教育吧。担任过十年耶鲁大学校长的理查德·莱文曾经说过，本科教育的核心是通识，教育不教知识和技能，却能让人胜任任何学科和职业。因此，笔者认为"本硕博一体化"有待进一步深入研究。这里有四点理由：一是本科教育与研究生教育之间存在较大的差异，对于硕博士来说，90% 的精力会投放在科研上面，导师的主要任务是指导其出成果、发表论文，但是本科生除了专业课以外，还需要进行一定的基础课学习；二是研究生阶段着重培养学生的科研能力，而本科阶段着重培养学生的创新意识和独立思考能力，并为将来的学习和工作打下基础；三是由于导师的精力问题，"本硕博一体化培养"只能流于形式；四是最重要的一点是，硕博士本身没有动力愿意跟本科生待在一起，没有义务去指导和帮助本科生，很多时候都是碍于导师的面子才勉强和本科生一起交流和沟通。

但是，本科生导师制度还是存在很多优点。无论导师是教师还是家人、朋友，从实际效果来看，导师的指导主要集中在学业和就业两大方面。笔者认为，还是要"各就各位"，回归初心。西安科技大学物流管理专业人才培养从一开始就实行了导师制，是全生命周期的指导，主要侧重于三个方面：业务实习前的素能提升导师（共读、共练与共创）、业务实习—学术论文—毕业论文指导导师和毕业后职业生涯关怀导师，如图 6-4 所示。

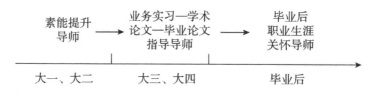

图 6-4　本科生导师制

在具体实践中，西安科技大学物流管理专业也探索出了本科生导师制项目管理模式，即一些有科研项目的老师组建本科生课题组，让本科生参与课题研究、社会实践与服务，做一些辅助工作，给学生提供锻炼平台，让学生在良好的氛围中不断实现自我提升与成长。

附件一　从美国高校看"四个回归"

惠朝阳

"在'双一流'建设进程中，高校要进一步转变理念，做到四个'回归'，即回归常识、回归本分、回归初心、回归梦想。"日前，笔者赴美国高校考察，通过21天在美国9所不同类型高校的深入学习和思考，深切感受到陈宝生部长提出的"四个回归"重要现实意义和战略意义。研修期间，笔者对美国高等教育的发展历史、层次类型、管理体制、运行机制、发展现状特别是教育理念和具体实践等情况有了更深入的了解，反思当前我国高等教育存在的问题与弊端，笔者认为，有以下几个方面值得我们借鉴。

一要回归常识，强化通识教育、为所有学生的全面发展夯实基础。

为学生的长远发展奠定坚实的基础，这是美国高等教育一直所坚持的，也正是国内高等教育所缺失的。虽然也有争议，但美国高校普遍重视通识教育，将其作为人才培养最重要、最根本的措施。其基本做法是：一是注重价值塑造，包括公民意识培养，健全人格养成和人生目标树立。二是注重能力培养，包括勤奋、韧性、勇气、好奇心、想象力、批判性思维等品质与能力。三是注重核心知识获取，包括历史知识和现代知识、本国的和世界的、文科的和理科的，等等。

反观国内部分高校，受应试教育和就业教育的影响，在课程设置上，没有把素质教育和人的全面发展摆在首要的位置；在师资配备上，过分强调科研能力，而忽视了教育教学能力的提升；在评价指标上，将就业率、考研率等指标与招生、专业设置、教学评估、业绩考核等进行挂钩，行政干预过多。这样培养出的学生知识结构不全面、视野狭窄、社会责任感不强，大力加强通识教育、提高综合素质教育应作为深化人才培养和课程体系改革的当务之急和重中之重，须尽快从根本上予以改变。

二要回归初心，充分发挥基层院系和专业教师在学术上的重要作用，催生学校持续发展的内生动力。

笔者在对美国高等教育的观察和思考中，感受到与我国高等教育治理方式完全不同，美国高校课程的制定和教学计划的实施乃至国际交流领域，专任教师和院系一级的意见是决定性的因素。

在美国高校，作为基层学术组织的院系在学校事务中具有广泛的学术自主权，在教学改革、课程设置、学位授予和学术活动的开展等学术方面职权很大，用人权、财务权都保持相对的独立性，院系完全可以决定初级科研人员的聘用事宜，对副教授以上人员的聘用和晋升也可以发挥很大的影响，甚至学校对于系主任的任免，都得事先与教师协商讨论。

而国内高校的行政权力占据主导地位，校长不仅是最高行政权力的代表，还是学术权力的核心，除个别领域如职称评审、学位授予由学术机构负责外，高校的学术权力在很大程度上被行政权力所取代；同时，院系作为基层单位，要在学校的集中领导和整体部署下开展工作，在人事、财务、资源配置等方面缺乏相应的自主权，办学活力没有得到充分的激发。

专任教师和院系是培养人才的主力军，他们直接面对的是学生，直接、具体地履行着全面贯彻党的教育方针，落实立德树人的根本任务。他们对学生情况以及存在的问题具有最大的发言权。只有他们的作用发挥好了，高校的内涵发展才有坚实的基础。

三要回归本分，培养批判性思维，增强学生辨别是非、求实创新的基本素质。

在交流和考察过程中，笔者感觉到美国各级各类高校都非常重视学习方式、方法的培养以及多元文化的灌输，重视课堂互动和交流，培养学生理性和客观的思维能力。

美国高校确立了"以学生为中心"的教育理念，通过采用启发诱导式教学法、介入式案例教学法、以项目带动的批判性思维教学法和"切块拼接式"学习法，调动学生的积极性，引导鼓励学生从多角度进行理性思考，对通常被接受的结论提出疑问和挑战，特别注重培养学生用分析性、创造性、建设性的方式对疑问和挑战提出新解释、做出新判断。

四要回归梦想，扎根中国大地，开拓创新进取，办好人民满意的大学。

教育梦就是报国梦、强国梦，具体体现就是"双一流"建设。习近平总书记在党的十九大报告中指出，要不忘初心，牢记使命，为实现人民对美好生活的向往继续奋斗。那么对于高等教育而言，这个初心就是回归教育本质、提高培养质量，这个使命就是扎根中国大地、办人民满意的大学。

目前中国高等教育正在面临由规模发展走向内涵发展、由高教大国走向高教强国的关键时期，发展速度、发展质量令世界为之赞叹、震惊。我们有理由、有信心、有希望，经过长期的努力，一定会实现高教强国的伟大梦想。但客观地看，由于具体国情、管理体制以及发展历史、发展阶段不同，我国高等教育整体发展距世界一流水平尚有差距。我们既不能妄自菲薄、悲观失望，更不能妄自尊大、盲目乐观，而是要坚定信心、脚踏实地，求真务实、开拓进取，注重内涵发展、着力体现特色，努力走出一条具有中国特色的高等教育发展之路。

附件二 《供应链管理》（第一章）知识点

2.1 供应链的内涵

2.1.1 供应链的概念

2.1.1.1 供应链的定义

知识内容：SCM－010101 供应链的定义。

知识内容：SCM－010101－01 供应链的传统定义。

定义 1：供应链是制造企业中的一个内部过程，它是指把从企业外部采购的原材料和零部件，通过生产转换和销售等活动，再传递到零售商和用户的一个过程。

知识内容：KP－SCM－010101－02 供应链的现代定义。

定义 2：供应链是一个通过链中不同企业的制造、组装、分销、零售等过程将原材料转换成产品，再到最终用户的转换过程。

知识内容：KP－SCM－010101－03 供应链的网链定义。

定义 3：供应链是围绕核心企业，通过对信息流、物流、资金流的控制，从采购原材料开始，制成中间产品以及最终产品，最后由销售网络把产品送到消费者手中的将供应商、制造商、分销商、零售商、直到最终顾客连成一个整体的功能网链结构。

①它是一个范围更广的企业结构模式，包含了所有加盟的节点企业，

从原材料的供应开始，经过链中不同企业的制造加工、组装、分销等过程直到最终用户。

②供应链不仅是一条连接供应商到用户的物流链、信息链、资金链，而且还是一条增值链，物料在供应链上因加工、包装、运输等过程其价值得以增加，给相关企业带来收益。

③供应链是人类生产活动的一种客观存在。但是，过去这种客观存在的供应链系统一直处于一种自发的、松散的运动状态，供应链上的各个企业都是各自为战，缺乏共同的目标。

知识内容：KP－SCM－010101－04 供应链的其他定义（列举其他学者的定义）。

供应链（Supply Chain）是通过计划（Plan）、获得（Obtain）、存储（Store）、分销（Distribute）、服务（Serve）等活动在顾客和供应商之间形成一种衔接（Interface），使企业能满足内外部顾客需求。

2.1.1.2　供应链概念的理解

知识内容：SCM－010101－05 供应链概念的理解。

根据前面的几类定义，我们可以从下面几个角度理解供应链的概念：

①供应链是由相关企业所构成的。从广义的角度，供应链包含所有涉及提供给最终消费者产品和服务的企业；从狭义的角度，供应链是指整个产业链中的某一段或有加盟关系的企业。

②供应链是一种网络。这种网络主要涉及供应链成员间的合作和物流、资金流与信息流的流动。

③供应链中存在核心企业，该核心企业主导着供应链的构建，可能是制造企业，也可能是零售或其他类型的企业，这要视该企业在供应链中的具体作用而言。

④供应链活动主要是指物流、资金流和信息流活动。其中，信息要素起着推动供应链运作一体化的前提和基础作用。

⑤供应链是条增值链。供应链各成员通过其在供应链上的具体运作，如加工、包装等活动，为供应链增值。

总之,供应链是由提供给最终用户产品或服务的所有上游企业和下游企业所构成的网络,是包括物流、资金流和信息流活动的价值增值链。

2.1.1.3 供应链与物流的关系

知识内容:SCM - 010101 - 06 供应链与物流的关系。

物流与供应链的关系表现为局部、运作层面与整体、战略层面的关系。

①供应链是一种物流管理的新型管理体制,为物流的其他管理职能提供基本的战略框架,物流管理在该框架之下运作。

②供应链的运作需要落脚在物流及相关的信息流、资金流、商流上,物流是供应链的重要组成部分之一。

③供应链强调的是供应链整体目标而非单个企业目标。关注长期而不是短期战略。

2.1.2 供应链的结构

知识内容:SCM - 010102 供应链的结构。
基本结构:

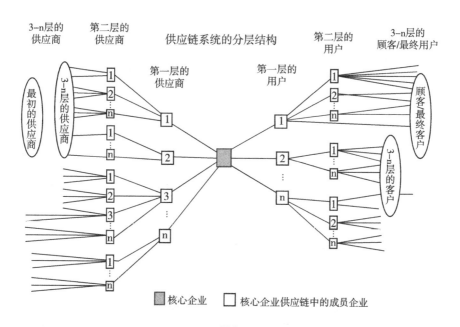

2.1.3　供应链的特征

知识内容：SCM－010103 供应链的特征。

①复杂性。因为供应链节点企业组成的跨度（层次）问题，供应链往往由多个、多类型甚至多国企业构成，所以供应链结构模式比一般单个企业的结构模式更为复杂。

②动态性。供应链管理因企业战略和适应市场需求变化的需要，其中节点企业需要动态的更新，这就使得供应链具有明显的动态性。

③面向用户需求。供应链的形成、存在、重构，都是基于一定的市场需求所致，并且在供应链的运作过程中，用户的需求拉动是供应链中信息流、产品/服务流、资金流运作的驱动源。

④交叉性。节点企业可以是这个供应链的成员，同时又是另一个供应链的成员，众多的供应链形成交叉结构，增加了协调管理的难度。

2.1.4　供应链的分类

知识内容：SCM－010104－01 根据供应链管理的研究对象及其范围。

①企业供应链。企业供应链是指就单个企业所提出（主导）的含有多个产品的供应链管理。

②产品供应链。产品供应链是与某一特定产品或某一特定项目相关的供应链。产品供应链的所有企业都是相互依存的，但实际上彼此之间并没有太多的协作。

③基于供应链契约的供应链。供应链的成员可以定义为广义的买方和卖方，只有当买卖双方产生正常的交易时，才发生物流、信息流、资金流（成本流）的流动和交换。表达这种流动和交换的方式之一就是契约关系。

知识内容：SCM－010104－02 按分布范围划分。

①企业内部供应链：企业内部供应链的管理主要是控制和协调物流中各部门之间的业务流程和活动。

②集团供应链：由于业务活动涉及许多企业而在形式上成为一种集团化的供应链。

③产业供应链：产业链中每个产业类型由大量企业构成，都可看作供应链中的单个企业，通过改善产业链上、下游供应链关系，整合和优化供应链中的信息流、物流、资金流，提高供应产业、制造产业、零售产业、服务产业等产业的业务效率，以获得产业的整体竞争优势。

④全球网络供应链：供应链的成员遍布全球，生产资料的获得、产品生产的组织、货物的流动和销售、信息的获取都是在全球范围内进行和实现的供应链。

2.2 供应链管理的内涵

注意：就国内而言，偏向于供应链的构成和供应链的活动，把供应链的概念与供应链管理的概念区分开来；而国外对于供应链的理解则侧重于把供应链与供应链管理视为同一概念。

2.2.1 供应链管理的目标

知识内容：SCM-010201 供应链管理的目标。

供应链盈余 = 顾客价值 - 供应链成本

让学生确立以下观点：

①供应链盈余是所有环节共享的总利润。

②供应链盈余越多，供应链越成功。

③供应链的成功应该由供应链总体盈余而不是单个环节的利润来衡量。

④过分追求个别环节的盈利将会导致供应链整体利润的减少。

⑤为了获得更多的供应链盈余，人们开始努力做大供应链的整个"蛋糕"。

2.2.2 供应链管理的定义

对于供应链管理，国外也有许多不同的定义和称呼，如有效客户反应（efficiency consumer response）、快速反应（quick response）、虚拟物流（virtual logistics）和连续补充（continuous replenishment）等。

知识内容：SCM –010202 供应链管理的定义。

定义：供应链管理就是使以核心企业为中心的实现供应链盈余最优化的运作过程，包括工作流（work flow）、实物流（physical flow）、资金流（funds flow）和信息流（information flow）等。

2.2.3 供应链管理的核心理念

知识内容：SCM –010203 供应链管理的核心理念。

知识内容：SCM –010203 –01 整合理念（integration）。

强调从供应链整体最优的目标出发寻求最佳市场资源整合的模式。当一个企业面临着要拓展一项业务或开辟一个新的市场时，首先应该从企业外部寻找最佳资源，而不是万事亲力亲为。再强大的企业面对庞大的市场在资源和能力上也是有限的，如果什么事都只想着企业自己来做，可能会丧失很多机会，甚至将企业带入深渊。

知识内容：SCM –010203 –02 合作理念（cooperation）。

如果每个企业都只顾自身利益，那么将损害供应链的整体目标，最后也没有办法保证企业个体的利益。因此供应链管理的核心企业（或主导企业）就要与自己的合作方建立战略性的合作伙伴关系，必须能够兼顾合作伙伴的利益和诉求，这样才能调动作伙伴的积极性。如果只是想着如何从别人身上赚取利益，而又将风险转嫁到其他企业身上，这样的供应链是不可能健康发展的。

知识内容：SCM –010203 –03 协调理念（coordination）。

供应链管理涉及若干个企业在运营中的管理活动，为了实现供应链管理的目标，要求相关企业在运营活动中必须按照计划协调运作，不能各自为政。

协调运作的另一个问题，就是打破传统上的企业各自为政的分散决策方式，通过协调契约的设计，使合作各方都能够增加收益，同时达到供应链整体利益最大化的目标。

知识内容：SCM –010203 –04 分享理念（benefit –sharing）。

企业之所以愿意在一个供应链体系内共创价值，是因为它们看到这个供应链能够创造更多的收益，但是这些收益必须实行共享，才有可能将供应链的资源整合起来。如果合作企业发现供应链的利益被某企业独占，它们是不可能参与到供应链的管理系统中的，即使有可能介入，可能也是抱着短期利益最大化的心态，捞一把就跑，而牺牲的是供应链的未来发展。

2.2.4 供应链管理的特点

知识内容：SCM – 010204 供应链管理的特点。

①强调核心竞争力。

②资源外用（outsourcing）。

③合作性竞争。

④以顾客满意度为目标的服务化管理。

⑤物流、信息流、资金流、工作流、组织流的集成。

⑥借助信息技术实现管理目标。

⑦延迟制造（postponement）原则。

⑧更加关注物流企业的参与。

⑨缩短物流周期与缩短制造周期同等重要。

2.2.5 供应链管理的流程观点

供应链是由一系列的流程组成的，它们发生在不同环节之内和不同环节之间，流程相结合以满足消费者对产品的需求。有两个不同的视角来观察供应链中的流程。

①循环观点（cycle view）：供应链运作的流程可以分为一系列循环，每一个循环在供应链两个相邻的环节进行。

②推／拉观点（push/pull view）：根据是响应顾客订货还是预计顾客订货，供应链的流程分成两种类型。拉动流程是由顾客订单驱动的，而推动流程是由预计的顾客订单驱动的。

知识内容：SCM – 010205 – 01 供应链管理的循环观点。

所有供应链流程都可以分解为四个流程循环：顾客订单循环，补货循环，制造循环，采购循环。每一个循环都发生于供应链两个相邻环节之间的界面上。这五个环节便产生了四个供应链流程循环。并非每种供应链都必须有这四个清楚划分的循环。每个循环由六个子流程构成。每个循环均始于供应商向顾客推销产品。买方（buyer）发出订单，供方（supplier）收到订单；供方发货，买方收货；买方可能会退还部分商品或其他可再利用的原料给供方或第三方。循环活动到此会重新开始。

　　知识点内容：SCM - 010205 - 02 供应链管理的推拉观点。

　　根据对最终顾客需求的执行时间，供应链中所有流程可分两种类型：拉动流程，订单的执行依据顾客订货；推动流程，订单的执行依据对顾客订货的预测。因此，在拉动流程的执行时刻，顾客的需求是已知的、确定的。而在推动流程的执行时刻，顾客的订货需求是未知的，必须进行预测。拉动流程因其是对顾客订货需求的反应，所以可以看成是一种反应流程。推动流程因其具有投机性（或预测性）而不是实际需求，所以可以看成是一种投机流程。

　　当考虑到供应链设计的策略决策时，推/拉观点是非常有用的，目的是要找出推/拉界限使供应链能够实现供给与需求的有效匹配。

　　在企业内部，所有的供应链活动都属于三个宏观流程中的一种，即客户关系管理、内部供应链管理和供应商关系管理。对一个成功的供应链管理来说，这三个宏观流程的整合是至关重要的。

2.3　供应链管理的发展

2.3.1　一个分析框架

　　从 20 世纪 80 年代中后期开始，在企业管理中形成了一种"横向一体化"的管理热潮。许多企业将原有的非核心业务外包出去，自己集中资源发展核心能力，通过和业务伙伴结成战略联盟占据竞争中的主动地位。

　　21 世纪的市场竞争已不再是单个企业之间的竞争了，而是一个企业的供应链和竞争对手的供应链之间的竞争，这句话已经成为企业管理者的口头禅。

知识内容：SCM – 010301 – 01 纵横一体化模式。

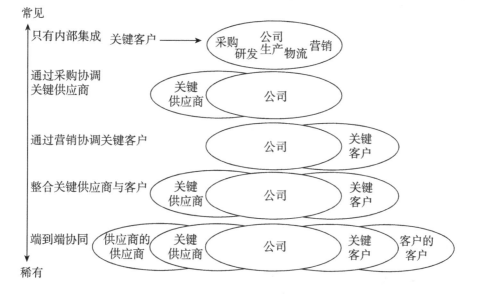

知识内容：SCM – 010301 – 02 交易成本。

①纵向一体化存在不足

②横向一体化交易成本大

③所以需要供应链管理，实现供应链盈余最大化

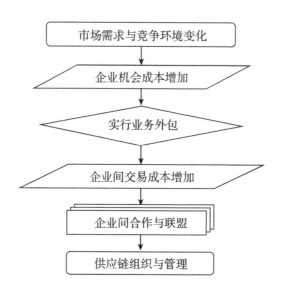

2.3.2　从 MRP 到 SCM

知识内容：**SCM－010302 从 MRP 到 SCM**。

20世纪80年代	20世纪90年代	21世纪

制造资源计划（MRPII）	准时生产制（JIT）	精细生产和精细供应	供应链
·推动式系统 ·根据需求订购物料 ·减少安全库存和周转库存 ·依赖于相关订货计划和可靠的预测 ·通过变动对供应商需求实现柔性管理	·拉动式系统 ·来自最终用户的固定需求量 ·生产能力与需求匹配 ·固定的生产协作单位 ·柔性的制造系统 ·经济生产批量很小 ·供应商提前期很短	·消除浪费 ·库存和在制品占用最小 ·成本在供应链上透明 ·多技能员工 ·减少工件排队 ·调整转换时间很短 ·多品种小批量生产 ·每一个阶段连续改进	·快速反应 ·供应具有柔性 ·顾客化定制生产 ·与最终需求同步生产 ·控制供应链流程 ·合作伙伴间的能力是集成的 ·全面应用电子商务 ·并行的产品开发

2.4　供应链管理决策

2.4.1　战略决策

知识内容：**SCM－010401 供应链战略决策**。

供应链战略管理，主要是确定供应链的战略定位以及相应的供应链结构，包括总体布局、资源配置、流程设置等，解决诸如供应链功能自营还是外包、生产与仓储设施的选址与规模、产品生产与储存的设施分配、运输模式的选择、信息系统的选型等战略性问题。

公司做出的战略决策包括是通过外包还是通过内部来执行供应链的功能，生产和仓库设施的选址和能力，产品在不同地点制造或存储，不同的阶段采用不同的运输方式，以及所采用信息系统的类型。

2.4.2　供应链计划

知识内容：SCM – 010402 供应链计划。

供应链计划管理，主要是匹配供应链的需求与供应，以实现供应链效益的最大化。供应链计划从需求预测开始，决定由什么设施供应什么市场，制造分包，库存策略以及营销和价格促销的时机和规模等，努力实现最终客户需求与产能、库存等资源供应之间的平衡。

计划阶段所要制定的决策包括哪些市场由哪里供应，转包生产决策，遵循的库存政策，以及营销、定价、促销的时间安排和规模等。

2.4.3　供应链运作

知识内容：SCM – 010403 供应链运作。

供应链运作的目标是以可能的最好方式来处理接踵而来的顾客订单。在这个阶段，企业按单个订单分配库存或安排生产，设置履行订单的时间，生成仓库提货清单，按订单确定发运模式和发货，确定卡车的交货时间表，发出补货订单。

2.5　供应链战略与竞争战略的匹配

2.5.1　竞争战略与供应链战略

知识内容：SCM – 010501 竞争战略与供应链战略匹配的价值。

①一个公司的竞争战略界定了该公司相对其竞争对手而言，需要通过该公司的产品和服务满足客户需求的组合。

②产品开发战略拟定了公司将要开发的新产品组合，同时还要确定开发工作是通过公司内部进行还是外包出去。

③市场营销战略强调如何进行市场细分，产品如何定位、定价和促销。

④供应链战略则关注原材料的获取，物料的运进运出，产品制造或提供服务的运作，产品的分销，后续的服务以及这些流程是由公司自行解决还是外包。

2.5.2　赢得战略匹配

2.5.2.1　三个基本步骤

知识内容：SCM－010502－01 什么是战略匹配。

战略匹配意味着竞争战略和供应链战略要有共同目标。共同目标是指竞争战略所要满足的顾客至上理念和供应链战略旨在建立的供应链能力之间的一致性。对于一个公司而言，要想赢得战略匹配，它必须实现以下三点。

①竞争战略要和所有的职能战略相互匹配以形成协调统一的总体战略。任何一个职能战略必须支持其他的职能战略，帮助公司实现竞争战略目标。

②公司的不同职能部门必须合适地配置本部门的流程及资源以能够成功执行这些战略。

③整体供应链战略的设计和各环节的作用必须协调一致，以支持供应链战略。

知识内容：SCM－010502－02 实现战略匹配的步骤。

第一步：理解顾客和供应链的不确定性。

①每次购买需要的产品数量。

②顾客愿意忍受的响应时间。

③需要的产品品种。

④所需的服务水平。

⑤产品的价格。

⑥产品预期的更新速度。

需求不确定性反映的是顾客对一种产品需求的不确定性。

隐含需求不确定性是供应链计划满足那部分需求以及客户期望的那部分特性所产生的不确定性。

第二步：理解供应链的能力。

供应链响应性包括供应链完成下列各项任务的能力：

①对大幅变动的需求量的响应；

②满足短期交货；

③经营品种繁多的产品；

④生产具有高度创新性的产品；

⑤满足高服务水平；

⑥处理供给不确定性。

供应链效率是为了向顾客交付产品而制造和配送的成本的倒数。成本的增加将会降低效率，每个旨在增加响应性的战略选择都会产生额外成本，降低效率。

①最低成本的界定是以现有技术为基础的。

②并不是所有公司都能在效率边界上经营。

③效率边界代表的是最理想的供应链的成本与响应性的运行。不在效率边界上的公司可以向效率边界移动，提高其响应性和降低运营成本。相反，在效率边界上的公司只能通过增加成本或降低效率来提高响应性。这样的公司必须在效率与响应性之间做出取舍。

④当然，效率边界上的公司也在不断改善工艺，改造技术，并以此使本身的效率边界外移。如果给定了成本与响应性之间的平衡，任何一条供应链的关键战略选择就是确定其要提供的响应性水平。

第三步：赢得战略匹配。

①在分类标出了不同等级的隐含不确定性并理解了不同种类供应链在响应性连续带上的位置后，第三个也是最后一个步骤，就是要确保供应链的响应性与隐含不确定性保持协调一致。目标就是给面临着高隐含不确定性的供应链设定高响应性，而给那些面临低隐含不确定性的供应链设定高效率。

②下一步是给供应链的不同环节分配不同的角色，以保证适度的响应性水平。重要的是要明白通过给供应链各个环节分配不同的响应性和效率水平，就能获得整条供应链所需要的期望响应性水平。

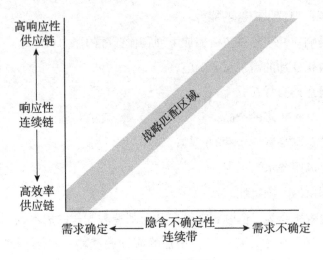

发现战略匹配区域

2.5.2.2　量身定制式供应链战略匹配

知识内容：SCM－010502－03 量身定制式供应链战略匹配。

①许多公司要获得战略匹配需要通过多种渠道提供多种产品，并服务很多顾客群。

②在这样的情形下，"一个尺寸满足所有"的供应链是不能提供战略匹配的。因此需要有一个量身定制的供应链战略。

2.5.3　扩展战略匹配范围

知识内容：SCM－010503 扩展战略匹配范围。

2.6　供应链管理体系的构成

2.6.1　供应链管理涉及六大领域

知识内容：SCM－010601 供应链管理涉及六大领域。

需求管理（demand management）、计划（planning）、订单交付（fulfillment）、物流管理（logistics management）、采购供应（sourcing）、逆向物流（reverse logistics）。

2.6.2 供应链管理流程结构

知识内容：SCM－010602 供应链管理流程结构。

三个基本组成部分：供应链的网络结构、供应链业务流程和供应链管理要素。

2.6.3 供应链管理内容

知识内容：SCM－010603 供应链管理内容。

①物料实体在供应链中的流动。

②企业内部与企业之间的运输。

③战略性供应商和客户合作伙伴关系管理。

④供应链产品需求预测和需求计划管理。

⑤供应链的设计（节点企业、资源、设备等的评价、选择和布局）与优化。

⑥企业内部各工序与企业之间物料供应和需求同步管理。

⑦基于供应链管理的产品设计与制造管理、生产集成化计划、跟踪和控制。

⑧基于供应链的客户服务和物流（运输、库存、包装等）管理。

⑨企业间资金流管理（融资、汇率、资金使用成本等问题）。

⑩供应链企业之间的信息交互管理。

2.7 供应链管理系统的关键因素

2.7.1 需求与供应链计划管理

知识内容：SCM－010701 需求与供应链计划管理。

①了解和掌握市场需求。供应链企业必须采用先进的需求管理和预测

技术，将互联网时代的碎片化需求整合起来，这样才能准确地掌握客户的需求信息和客户动态。

②定义供应链活动范围。

③规划供应链企业的客户订单承诺能力（available – to – promise）、多供应商物料需求计划、分销需求计划、集中与分散交货计划、订单交付周期压缩计划等。

④制订主生产计划，包括需求预测和需求管理、主生产计划编制、制造支持、减少库存资金占用、供应链需求反查功能、物流资源匹配支持。

2.7.2　供应链库存管理

知识内容：**SCM – 010702** 供应链库存管理。

供应链管理中库存的功能，是通过维持一定量的库存来消除由于市场随机需求产生的变化和供应的不确定性风险对供应链带来的不利影响。

2.7.3　供应链网络设计

知识内容：**SCM – 010703** 供应链网络设计。

如何运用科学的方法确定各种设备设施的数量、地理位置、规模，并分配各设施所服务的市场（服务对象）范围。

2.7.4　供应链合作关系管理

知识内容：**SCM – 010704** 供应链合作关系管理。

供应链上的每个节点企业要想实现财务状况、质量、产量、交货、客户满意度以及业绩的改善和提高，必须着眼于与其合作的企业建立起战略合作伙伴关系，而不能仅停留在一般的交易关系上，也不能仅从自身利益最大化出发。

2.7.5　供应链物流管理

知识内容：**SCM – 010705** 供应链物流管理。

供应链物流系统从企业战略的高度去规划和管理，把供应链管理战略通过物流管理落到实处。

2.7.6　供应链资金流管理

知识内容：SCM‐010706 供应链资金流管理。

①从订单到现金回收（order‐to‐cash）。

②从采购到付款（procure‐to‐pay）。

③供应链金融（supply chain finance）。

2.7.7　供应链信息管理

知识内容：SCM‐010707 供应链信息管理。

信息流是供应链上各种计划、订单、报表、库存状态、生产过程、交付过程等指令和其他关键要素相互之间传递的数据流。

2.7.8　供应链企业组织结构

知识内容：SCM‐010708 供应链企业组织结构。

供应链组织创新是企业组织优化的重要组成部分，而且这种优化超越了企业的边界，联结起供应链的上、下游企业，致力于形成一种现代的、能够支持整个供应链管理的全新组织体系。

2.7.9　供应链绩效评价

知识内容：SCM‐010709 供应链绩效评价。

供应链绩效评价的目的主要有两个：一是判断各方案是否达到了各项预定的性能指标，能否在满足各种内外约束条件下实现系统的预定目标；二是按照预定的评价指标体系评价出参评方案的优劣，做好决策支持，帮助管理者进行最优决策、选择系统实施方案。

2.7.10　供应链风险管理

知识内容：SCM‐010710 供应链风险管理。

供应链的风险防范机制设置的合理性和灵活性是供应链正常运行的保证。

2.8 供应链管理的运营机制

知识内容：SCM - 010801 供应链管理的运营机制。

合作机制（cooperation mechanism）、决策机制（decision mechanism）、激励机制（encourage mechanism）和自律机制（self - disipline mechanism）。

附件三　南梁矿业专业化运营和契约化管理

案例正文：

南梁矿业专业化运营和契约化管理❶

摘　要：本案例以南梁矿业为背景，描写了该公司在创新运营管理模式上的管理变革措施。南梁矿业成立之初就把矿井生产和建设交给专业化队伍，随后又逐渐将后勤服务、辅助生产以及物资供应交给专业化承包商承包，形成专业化运营格局。通过生产和服务承包合同，将各方权责利明确，形成了完整的契约化管理体系。为了解决经营管理上的"两张皮"问题，创新出"八个统一"机制（统一文化、统一组织、统一招工、统一培训、统一调度、统一供应、统一考核、统一服务）。

关键词：南梁矿业　契约化　专业化

---

❶ 本案例由西安科技大学能源经济与管理研究中心主任张金锁老师指导，西安科技大学管理学院邹绍辉、闫晓霞撰写，版权归西安科技大学管理学院所有。未经允许，本案例的所有部分都不能以任何方式与手段擅自复制或传播。本案例授权中国煤炭企业经典管理中心使用。由于企业保密的要求，在本案例中对有关名称、数据等做了必要的掩饰性处理。本案例只供课堂讨论之用，并无意暗示或说明某种管理行为是否有效。

引 言

如何积极面对产能过剩、低效矿业权持有者数量巨大等"存量"导致的问题、化解需求增速下降持续"减量"态势产生的危机、实现煤炭企业乃至整个行业的"增值",是当前和今后较长时期内,煤炭行业急需攻克的难题。煤炭生产专业化运营和契约化管理,变革了传统煤炭生产运营组织管理方式,能降低生产运营成本和优化由资源、环境、市场构成的行业生态,是破解上述难题的核心途径。

20世纪80年代中期,陕西省北部发现了震惊世界的"神府煤田"。神府煤田以巨大的储量和优越的煤质吸引了大批投资家的目光,神府地区也逐渐成了投资开发的热点地区。为了出口煤炭、获取外汇并积累资金,榆林地区煤炭出口公司于1987年投资开发了南梁煤矿。然而,尽管南梁煤矿拥有丰厚的煤炭储量,但是由于当时处于计划经济的环境,并且前期投入少,南梁煤矿从1995年开始试生产起,就患上了当时国有煤矿的通病:非生产人员多、装备落后、生产成本高等。仅成本一项,除正常生产成本高外,还有后勤服务和辅助生产等的开销、管理费用和各种税费,导致最后的销售成本要比当时的其他同类企业高出一倍多。因此,当时的南梁煤矿虽然具有15万吨的年生产能力,却常常处于开工不如停产的尴尬之中;更为严重的是,从20世纪90年代末期开始,煤炭行业进入了严重的行业衰退期。因此,南梁煤矿要发展,就必须注入新的"血液",必须创新运营管理模式,方可实现资源优势向经济优势的转换。

3.1 公司背景

1998年春天,在西安举行的"东西部合作与投资贸易洽谈会"上,中国煤炭进出口公司、澳大利亚华光资源有限公司、榆林煤炭出口(集团)

有限公司、海南京铁实业贸易开发总公司、宁波保税区启甬国际能源发展公司和陕西省煤炭进出口公司等国内外 6 家企业，签署了联合组建"南梁矿业公司"的意向书，拟共同联合投资 1.5 亿元，其中包括外资 266 万美元。经过近一年的准备，1999 年 2 月 5 日，经陕西省人民政府批准，集煤炭生产、加工、储运、销售为一体的中外合资企业——"陕西南梁矿业有限公司"，在陕西省工商行政管理局正式登记注册，南梁煤矿获得了重生。在机构设置上，简化部门设置，减少管理层次，经营与生产、生产服务、生活服务彻底分离；人员配置力求精干；与承包商划清责权利（见附图 1）。

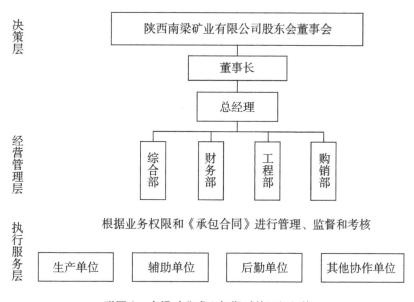

附图 1　南梁矿业成立初期时的组织架构

南梁矿业一经成立，便确定南梁矿业矿井建设和生产经营均采用"对外承包"的方式，即矿建、原煤生产、后勤服务等通过招标的方式由一个或多个专业公司（承包商）承担，南梁矿业仅负责技术方案、煤炭销售、监督工程进度、原煤产量和质量、检查和考核工作，南梁矿业对各承包商实行契约化管理。在随后的发展中，南梁矿业逐渐形成了如下专业化运营格局（见附图 2）。

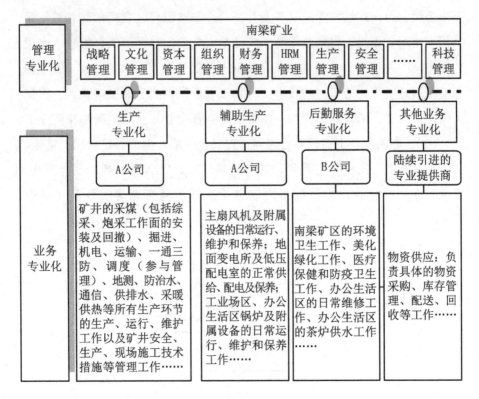

附图2　南梁矿业专业化体系

通过专业化运营，南梁矿业可以从繁杂的事务中抽身而出，可以有大量时间和更多精力专注于发展核心主业和战略性产业，这样便充分激发了契约各方的活力。

契约原本是民事法律的基本制度，指平等主体之间为了达到某种目的，在追求各自利益的基础上签订的一种协议。契约化管理就是在协议的基础上，明确责任双方责权利，以达到节约交易成本、提高效率之目的。南梁矿业的契约化管理，在形式、内容和载体上也经历了一个逐渐完善的过程。在成立初期，为了妥善安置原南梁煤矿职工，以及保持良好的投资环境和稳定的社会局面，在矿井建设中，除技术含量高、施工难度大和政策限制的工程外，其他工程和生产、生活服务项目，在坚持市场规则的前提下，均由A公司独立或联合专业工程公司承包，在合作初期A公司陆续承担了公司的后勤生活服务、生产系统检修、辅助生产和井巷工程施工，基本上能够完成合同规定的工作任务。

经过三年的运营和实施，由于种种原因，当初确立的运作机制在实际中演变为一种存在多层协作关系的契约合作方式，即南梁矿业负责南梁煤矿矿井安全、生产、技术等管理工作；A 公司负责组建采煤队、掘进队、机电队和辅助队四个区队，承担矿井生产任务，采煤队、掘进队和机电队由 A 公司和 B 公司联营组建，矿井生产通过合同方式由 A 公司委托 B 公司承包；B 公司对承包范围内的人事关系、生产安全、生产任务、工程质量及生产成本等所有承包指标负全部责任；辅助队由 A 公司自己组建并对承包范围内的安全、生产及成本等指标负全部责任。逐渐地，在生产管理过程中，这种契约合作方式暴露出这样一些问题：A 公司收取管理费却不承担相应的责任、矿井生产管理和区队管理严重脱节、矿业公司对承包商的监督管理难度大、承包商的信用得不到保障等。

2003 年，南梁矿业通过市场机制，对外招标，通过"契约"方式，选择了 A 公司作为南梁矿业安全生产业务的唯一承包方。运用同样的手段，南梁矿业将生产辅助交由 A 公司管理，将煤炭铁路运销交由 C 公司管理，将后勤服务、安全保卫和物业管理交由 B 公司管理，一纸"契约"，各方职责清晰、责任明确。

在南梁矿业对 A 公司的管控上，明确了 A 公司的组织架构，规范了 A 公司区队人员配置以及主要管理人员职责及任职基本要求。由于合理的薪酬激励制度是承包商内部激励与约束机制中最为核心的部分，也是员工将个人目标有效融入南梁矿业总目标的保障之一，还是保证顺利完成井下生产承包合同的前提条件，为此南梁矿业对承包商内部薪酬激励制度做出了相应的规定，明确员工的工资必须按时支付，不得克扣员工的工资，将这些作为合同的主要组成部分并加以刚性约束。

3.2　问题显现

在随后的发展中，由于契约双方企业目标、文化背景等有较大差异，始终存在着契约各方在安全、管理等方面各自为政的"两张皮"问题，给公司发展带来了较大的影响。矛盾的焦点主要集中在以下五个方面。

①A 公司认为既然生产承包给 A 公司，南梁矿业就不应该插手其生产管理工作，导致实际工作中多头领导；南梁矿业则认为煤炭生产是自身的根本，并且又是安全第一责任方，不抓安全生产，难以实现企业稳定发展。

②生产单位和服务单位一味追求产量和效益，轻视安全和质量，对南梁矿业监督考核的抵触情绪较大，使好多规章制度和管理措施执行不到位，也潜意识地将自身与南梁矿业区分开来，你是你、我是我，我干活、你付钱，把双方关系单纯地界定为是一种经济合同关系。

③生产单位和服务单位组织机构设置、权责划分过于刚性，似乎一切都可以用合同来加以管理。

④人才招聘各自为政，南梁矿业关注企业的未来发展，是长远的；生产单位和服务单位关注用人成本，是短期的。

⑤考核体系各自为政，生产单位和服务单位认为南梁矿业考核它们的唯一依据就是合同；南梁矿业则认为只有将生产单位和服务单位纳入统一的考核体系中，才能更好地释放管理潜能，实现企业的发展战略意图。

因此，如果不从根本上解决"两张皮"问题，南梁矿业付出巨大心血建立起的专业化运营、契约化管理就会停滞不前，甚至会被彻底否定掉。

3.3 管理变革

由于南梁矿业自身就是我国专业化运营、契约化管理的首创者，自然也就没有可以借鉴的经验，但南梁人并没有因此选择退缩和失去信心。南梁矿业在不断地探索和论证中，反复进行"实践—修正—再实践"，创造性地形成了"八个统一"，从根本上解决了专业化运营、契约化管理中契约各方在生产、安全等方面各自为政的"两张皮"问题。

3.3.1　统一文化

统一文化是指用一种文化来激励和约束南梁矿业和各合作单位员工。"以人为本"是现代企业科学发展的重要指导思想，南梁矿业牢牢抓住了这一点，通过各种方式来贯彻这一思想，争取每年有所进步、每年有所突破，使得"以人为本"逐渐深入人心。

2007 年，南梁矿业启动文化夜市，开展丰富多样的文化活动，采取自编自演、邀请文化团体表演等形式，全年文化表演 10 余次。2009 年，南梁矿业通过宣传栏、宣传展板、简报、网页等方式加大企业文化宣传力度，构筑宣传阵地。2011 年，南梁矿业制作的《平凡的 2068》电视片获得了"第二届中国安全生产电视作品大赛"二等奖。除各种活动之外，南梁矿业还始终把职工的利益放在首位，着力解决职工的实际问题，不断投入资金，改善职工的工作和生活环境。2011 年，首先从改善职工工作环境入手，对 2^{-2} 煤辅助运输大巷和井口值班室、井下候车室、井下值班室都进行了装修，对井下人行道进行了硬化，安装了 LED 灯带，在综掘头安装了局部除尘风机，把安全、亲情、文化延伸到井下各作业面，改善了井下职工工作环境。其次，南梁矿业还改善了职工生活、娱乐环境，想方设法筹措资金，提高一线职工待遇；给井下职工添加了班中餐，并且不断提高饭菜质量，为职工创造优雅的就餐环境；对职工澡堂进行装修改造，改善了职工洗浴环境；新建了职工文艺演出舞台，为职工营造了良好的娱乐环境，还开设健身房、办图书馆等，丰富了职工的文化生活。

这些活动将南梁矿业、生产单位和服务单位黏合在了一起，促进了南梁矿业与各合作单位的交流，将"以人为本"的真实韵味通过实际行动体现并散发出来，无论是生产单位还是其他协作单位的职工，都是"南梁人"，都是一家人。

3.3.2 统一组织

统一组织是指契约双方突破传统的组织边界，在组织机构设置、职能划分、人员安排等方面实现相互渗透和交叉任职，进而实现快速决策、快速执行以及快速反馈。

第一，建立统一的党群组织体系。在公司党委统一领导下，生产单位设立了党总支（包括工会、团委、女工委员会），在区队建立了党支部，在班组建立了党小组，党小组长兼任班组联络员和信息员。统一党组织紧密结合企业的安全管理，党群组织的统一建立，使党管安全落实到生产一线，解决了单纯的双方契约式关系，也使党的民主集中制原则得到了充分体现。

第二，实行安全管理交叉任职。生产单位副总任南梁矿业安全副总，南梁矿业轮流派管理人员到生产单位任区队队长或副队长，做到及时发现问题、听取一线工人心声，监督合同履行，及时将公司的意见、决定落到实处。

第三，统一召开会议和开展活动。党代会、职代会、工作会、安全例会、早调会、全体职工大会、企业文化活动等统一由南梁矿业组织，将所有生产单位纳入管理范畴，既统一了思想、又统一了行动，增强了生产单位和各协作单位对公司的认同感，做到了开诚布公和信息对称。

3.3.3 统一招工

统一招工是指南梁矿业在企业可持续发展的基础上，对专业技术人才和其他人才进行统一招聘和培养，把好人才进入关。鉴于契约化管理下人力资源管理的特殊性，南梁矿业提出了统一招工，即当生产单位需要招工时，招工过程由双方共同进行，生产单位负责招聘过程，南梁矿业负责监督把关。这样使得生产单位的职工素质得到保障，使得安全文化教育容易进行，也使得安全生产进一步提高。

与此同时，南梁矿业进一步把统一招工延伸到人才的培养环节，以采煤专业技术人才为核心，由生产单位在职工中或外部挑选高中毕业生，南梁矿业、生产单位会和选中的高中毕业生签订三方协议，由南梁矿业出资出力，将所挑选的高中毕业生送入中国矿业大学、西安科技大学等专业院校进行培养，待其毕业之后由南梁矿业和生产单位重新聘任。

3.3.4　统一培训

统一培训是指南梁矿业在员工培训方面统一规划、统一建设和统一实施，既节约了培训资源，又提高了培训质量。第一，建立了统一的培训平台。南梁矿业安全技术培训中心成立于 2008 年 10 月，累计投资 510 多万元，占地 1400 余平方米，中心现有专职管理人员 5 名，工程师以上专兼职教师 20 人，其中高级工程师 3 人，获得煤矿教师资格证的 12 人。第二，践行"大南梁"和"大培训"理念。"大培训"是指将公司和各承包单位视作一个整体，对一线新员工统一进行岗前培训。对老工人开展统一复训，对管理人员统一在岗培训，并由南梁矿业负责并统一考核、发证，成功构建了"大培训格局"。"大培训"的开展，提高了员工的整体士气和工作能力，促进了先进设备的高效利用，加快了企业文化的融合，全面推动了公司管理水平的提高。第三，统一组建"内部大学"。南梁矿业通过开设"南梁大讲堂"，定期聘请大专院校专家学者到公司讲课，将最新企业管理理论和方法带到公司来，拓宽了员工的见识和思路，提高了管理人员的理论水平。更重要的是，进入"内部大学"培训的人员往往具有相近的职位，在工作中面临类似的问题，共同听课的经历给员工提供了相互交流的机会。第四，"越级"对生产单位一线人员进行合格培训。利用长壁间隔式炮采模拟工作面和实体综采训练台，让每个上岗的工人在下井前先在地面进行培训，达到熟练无误时，方可到工作面作业；对煤矿安全生产制度进行培训，让每个员工对南梁矿业安全生产的理念、坚守的原则、对生命的态度、可能出现的隐患、应对措施等全面了解和掌握。还聘请澳大利亚蓝龙培训中心的专家来矿，针对煤矿特点，就管理体系、风险评估、班组长管理、培训技巧等方面开展煤炭安全培训。

3.3.5　统一调度

统一调度是指采取统一指挥调度模式，将原属于生产单位的调度中心收回，设立统一的指挥调度中心，坚持"把好口子、看好巷子、控好关子、盯好数字、用好板子"的总体要求和基本方针，实现"无盲区"调度。"把好口子"即把好安全井口环节，凡没有接到调度室命令的一切人员、车辆、物资不得进出，车辆和人员实行进出分开，不能混行。"看好巷子"即完善所有巷道的实时视频、喊话系统、越界报警系统、监测监控系统，一旦出现不安全的状况和行为，调度中心将及时提醒和纠正，进行点对点指挥，对所有工作地点进行视频、喊话、报警，实现通信无盲区，定位无盲区。"控好关子"即严格按照《关键环节确认手册》执行，凡属于关键环节必须经过调度室确认后，方可进入下一环节。"盯好数字"即盯好调度室监控屏所显示的数据，调度人员紧盯每一数字的变化，适时做出及时的、科学的判断，并下达正确的指令。"用好板子"即针对各种违规现象，用强制手段进行严厉处罚，并落实整改措施。

3.3.6　统一供应

统一供应是指从专业化管理手段出发，利用供应链整合思想，将物资采购、库存管理、配送和回收等供应环节剥离出来，聘请具有资质的专业单位来进行。南梁矿业销售供应部只负责对所需采购的物资、设备和材料进行比价和招标。专业单位负责具体的物资采购、库存管理、配送、回收等工作。南梁矿业原有的供应方式，容易在供应衔接、交互上面出现问题。专业单位在这些方面则一气呵成，有效避免了这些问题的发生，并且能够在设备材料的维护保管上面做足功夫，最大限度地保障了人员的健康安全和设备的良好运转，极大地降低了由设备引发安全事故的概率。为此，南梁矿业出资新建了 3 个材料库，最大限度地保证了企业生产物资的适时供应。

3.3.7 统一考核

统一考核是指南梁矿业以生产绩效为基础，对南梁矿业、生产单位和协作单位就某些指标方面进行一起考核。南梁矿业与生产单位和协作单位共同参与制定考核及奖罚标准、共同考核，奖罚兑现由生产单位负责，南梁矿业负责监督。

在制定考核标准的时候，南梁矿业制定初步考核标准，经由生产单位讨论通过后按该考核标准执行。例如，"6S"考核标准按照井下井上环境的不同，由南梁矿业制定不同的考核标准，随后按月进行考核，并对考核结果进行公示。在考核过程中，南梁矿业和生产单位一起打分，加权得出最终得分，并对最终结果进行公示。按照最终结果进行奖罚，由南梁矿业财务计划部与承包单位结算，并监督承包单位及时足额地发放到每位受奖励的职工手中；处罚金额按月由公司直接扣除，协作单位落实到人，在其当月工资中扣除。

3.3.8 统一服务

统一服务是指南梁矿业为了确保安全生产的正常进行，统一面向南梁矿业、生产承包单位和其他专业承包商提供相关生产和后勤服务。在生产服务上，南梁矿业成立辅助运输队，将原属于生产单位区队的人、车全部收回，由南梁矿业统一管理人员、物资出入井、关键环节确认、技术方案和应急救援。

在后勤服务上，南梁矿业提供两堂一舍和环境后勤卫生服务。例如，在职工公寓设置了娱乐活动室，配置了上网电脑、电视、VCD、乒乓球桌、健身器材、象棋、扑克牌等用品，向全矿职工和家属开放；对矿区周边进行花园式绿化，绿化面积达1万余平方米，为职工创造了良好、舒适的生产生活环境；并进一步计划在职工浴池安装吊篮和指纹控制系统，完善并投入洗衣设施和浴池烘干设施；逐步推进劳保公益。在具体运作上，也实现了契约化管理，由专业的后勤服务公司实施。

3.4 丰收硕果

南梁矿业在上述措施中，还实施了精益化、信息化、数字化。精益化的建立基于流程的管理组织，达到"零浪费"和"作业流程"双增值。信息化，搭建了"六大管理体系"和"精益化"平台。"数字化"则是在信息化平台和精益化的基础上，做到"多元信息融合""安全生产实时仿真"以及"可视化决策"，等等。

"梅花香自苦寒来"，南梁矿业用短短十几年的时间，从 20 世纪末设计能力 9 万吨/年发展到今天实际生产能力 200 多万吨/年的规模，企业综合效益呈几何级数增长，矿区变化翻天覆地。南梁矿业煤炭产销量一年一个大台阶，2010 年和 2011 年更是每年以约 25 万吨的产量增长。安全管理上，从"零死亡"到"零伤亡"，再到"零伤害"，南梁矿业实现安全管理追求"三级跳"。2011 年，南梁煤矿发布了《陕西南梁矿业有限公司2010 企业社会责任报告》，这是陕西省煤炭生产企业发布的第一份社会责任报告，并在以后每年都发布一份社会责任报告。

目前企业运营成本刚性上涨、煤炭价格下滑趋势明显、节能减排压力加大等又给南梁矿业带来了挑战，但南梁矿业仍能保持其产销量、保证盈利，并且凭借"专业化运营、契约化管理"这把利器，积极布局煤炭洗选、煤气化、煤电、教育业、技术服务业，力求打造中国煤炭行业品牌企业。

案例使用说明：

南梁矿业专业化运营和契约化管理

一、教学目的与用途

①本案例主要适用于管理学、企业文化、生产运营管理、人力资源管

理和组织行为学等课程。

②本案例是一篇描述南梁矿业专业化运营和契约化管理的教学案例，其教学目的在于使学生对煤炭企业如何创新运营模式和管理机制、提高企业绩效等问题具有感性的认识及深入的思考，从群体特征和个体特征两个角度分析问题，并提出解决方案。

二、启发思考题

①煤炭企业专业化运营方式有哪些？

②契约化管理与一般合同管理的区别在哪里？

③经营管理上的"两张皮"问题常用的解决方法有哪些？

④统一文化、统一组织、统一招工、统一培训、统一调度、统一供应、统一考核、统一服务的作用有哪些？

⑤专业化运营和契约化管理的潜能有哪些？

⑥该企业组织结构属于什么形式？有什么优缺点？

三、分析思路

教师可以根据自己的教学目标（目的）来灵活使用本案例。这里提出本案例的分析思路，仅供参考。

专业化是指对企业某些业务所实施的专业管理活动。经济学鼻祖亚当·斯密认为：分工和专业化的发展是经济增长的源泉，分工的好处在于能够获得分工经济与专业化经济，提高生产效率。对于复杂的业务通过分工更有利于实现专业化，更容易形成核心竞争力。专业化运营是指企业将功能、性质和业务相近的资源集中起来，或者借助外部专业化组织，利用其专业化技能，为企业提供专业化服务，进而减少企业管理层次，节约管理费用和人力成本，提高企业效率的企业运营方式。

实践证明，要从根本上提高煤炭企业的市场竞争力，必须打破计划经济的旧体制，实施专业化运营，进行体制创新。煤炭企业实行专业化运营主要有以下作用：一是专业化运营将打破煤炭企业计划经济时期形成的"大而全""小而全"，生产和生活辅助单位依附煤炭主业的弊端；二是使

"三条线管理"变得更为彻底，实施专业化运营后，专业化公司作为利润中心，更有利于强化管理；三是专业化运营更有利于在全行业、全社会进行资源、技术和人才的整合，不仅能提高煤炭企业的管理水平和经济效益，更能促使社会资源的有效配置；四是为煤炭行业培养企业家提供土壤和体制保障，过去煤炭企业的领导人具有强烈的行政色彩，"听指令、生产煤、保安全"是其主要工作内容，没心思也没有精力去思考创新和变革问题，一旦实施专业化运营后，煤炭企业之间的竞争、专业化组织之间的竞争，将迫使专业化公司的领导人去创新、去变革。

一旦企业实行专业化运营，就涉及如何黏合各个专业化生产和服务队伍，契约化管理就是一种和专业化运营相互衔接的管理模式。有专业化就必须有契约化。专业化解决企业架构和管理体制问题，契约化解决南梁矿业和各专业提供商之间的合作方式和合作载体问题。没有契约化，专业化就是空中楼阁，必将"诸侯割据"；没有专业化，契约化就失去灵魂，仅为"一纸合同"。还有，承包商作为独立法人，自身运营管理又是独立的。合同是刚性的，而实际情况却是柔性的。以合同代替管理，只会导致形合而神不合，一旦遇到实际问题，就会容易出现决策迟缓、相互扯皮、各自为政，形成企业与生产服务承包单位在管理上的"两张皮"问题。如何解决"两张皮"问题是释放管理潜能的关键所在。

四、理论依据及分析

①煤炭企业专业化运营通常有以下几种实现途径或方式：一是部门职能专业化，对部门职能所需的人才、技术和资源进行集约化，然后再提供统一的专业化服务；二是产品专业化，现在煤炭企业常常沿着煤炭产业链进行布局，因此可以按相应的产品进行专业化，例如煤炭洗选产品专业化公司、煤化工产品专业化公司和煤炭深加工产品专业化公司，等等；三是作业专业化，将同类作业集中起来，例如专业化采掘、基础建设、机电管理、物资管理，等等；四是辅助业务或服务性生产专业化，将某些辅助性生产或服务性生产分化出来，进而实现辅助生产、后勤服务专业化。

②契约原本是民事法律的基本制度，指平等主体之间为了达到某种目

的，在追求各自利益的基础上签订的一种协议。契约化管理就是在协议的基础上，明确责任双方责、权、利，达到节约交易成本、提高效率之目的。一般企业的契约化管理实际上就是合同管理，只需要把双方的责权利规定清楚就行。但是，南梁矿业的契约化管理核心，既在于合同管理，但更重要的是对专业化单位进行管控。如果没有管控，安全得不到保证，专业化单位的运营对于南梁矿业就是一个"黑箱"，南梁矿业各项管理措施很可能就会停留在制度层面。

③南梁矿业在契约化管理实现以下几个目的：一是契约化不等于简单的外包，也不等于一般意义上的合同管理，南梁矿业始终把安全生产管理紧紧抓在手里；二是用文化来统帅契约化管理，使得契约双方在管理层次、价值追求上得到升华，凝聚人心，形成斗志，而不是一个简单的"我图省事、你图挣钱"经济合作关系；三是有了管理制度、工作标准和业务流程，使得南梁矿业在监督和考核中，有效地较少了和承包商的管理冲突，也确保了南梁矿业企业文化的落地；四是通过工作标准和业务流程的不断优化和改进，及时地把安全生产中好的经验和做法通过工作标准和业务流程固定下来，给契约化管理打造了一个管理持续改进平台。

④常言道，双方连心，其利断金，南梁矿业通过统一文化，向心力和凝聚力得以形成，南梁矿业和各承包商在各项管理上基本做到无缝衔接，也为运营机制其他内容的建立提供了"原始动力"，充分确保了契约化管理模式优势的发挥。通过对党组织、管理层组织结构的整合，以及对双方会议、活动的组织关系上的整合，简化了中间管理层次，取消了一些中层管理岗位，从而缩短了企业的指挥链条，使组织趋于扁平化，达到使组织变得灵活、敏捷、富有柔性、创造性的目的。同时，统一组织使得"令出一门"，有效地避免了"多头领导"造成的管理混乱，变"各自之事"为"南梁之事"，大大提高了指挥、领导的效率。统一招工打破了人力资源培养、招聘和使用各自为政的格局，使得南梁矿业和生产单位合作更加紧密，南梁矿业在人才管理上也更加得心应手，生产单位也有效解决了专业技术人才队伍的接续和稳定问题。南梁矿业所有的培训设施、培训内容和信息是对所有"南梁人"开放的，这种统一培训的方式使得各单位之间能

形成了统一的理念，达成了共识；使得南梁矿业与生产单位和各协作单位之间沟通起来更加流畅；促进了各单位之间的交流和相互学习；进一步提升了员工素质。统一调度能实现"把好口子、看好巷子、控好关子、盯好数字、用好板子"的总体要求和基本方针，实现"无盲区"调度。通过统一供应，南梁矿业一方面提升了供应效率，分散了供应链风险；另一方面有力地促进了南梁矿业生产效率的提高。南梁矿业通过统一考核，用同样的尺子去量所有的南梁人，完全释放了绩效考核的激励和约束功能，确保了南梁人行为的一致性，在提高职工收入的同时，极大程度地激发了员工的能动性和创造性。统一服务有效解决了各自为政、重复建设、效率低下和相互推诿等问题，降低了成本，提升了效率，为安全生产提供了适时、有力和高效的服务保障。

五、关键要点

①南梁矿业施行专业化运营和契约化管理的出发点和具体措施。

②"八个统一"是如何破解企业与生产服务承包单位在管理上的"两张皮"问题的。

六、建议课堂计划

本案例可以作为专门的案例讨论课来进行。以下是按照时间进度提供的课堂计划建议，仅供参考。

整个案例课的课堂时间控制在 80 ~ 90 分钟。

①课前计划：提出启发思考题，请学员在课前完成阅读和初步思考。

②课中计划：简要的课堂前言，明确主题（2 ~ 5 分钟）。

分组讨论（30 分钟），告知发言要求。

小组发言（每组 5 分钟，控制在 30 分钟）。

引导全班进一步讨论，并进行归纳总结（15 ~ 20 分钟）。

③课后计划：如有必要，请学生采用报告形式给出更加具体的解决方案，包括具体的职责分工，为后续章节内容做好铺垫。

参考文献

马士华，林勇. 供应链管理（第3版）[M]. 机械工业出版社，2010.

苏尼尔·乔普拉，彼得·迈因德尔. 供应链管理（第6版）[M]. 中国人民大学出版社，2017.

惠朝阳. 从美国高校看"四个回归"[N]. 中国教育报，2018-05-07.

庞彪. 物流人才结构失调[J]. 中国物流与采购，2019（10）：13-14.

徐建国. 从西方大学的起源和发展看现代大学的精神内核[J]. 北方民族大学学报（哲学社会科学版），2011（2）：131-136.

刘海峰，史静寰. 高等教育史[M]. 北京：高等教育出版社，2010.

黄欣. 西南联大课程设置的特点及启示[J]. 江苏高教，2003（2）：78-80.

刘集林. "社会改造"与"改造社会"[J]. 广东社会科学，2012（4）：140-149.

程定平，何清华，程定锋. 管理学课程体验式教学模式构建与实践研究[J]. 中国商界，2010（8）：227-228.

漆彦忠. 人力资源管理体验式教学方法体系探微[J]. 黑河学刊，2010（2）：106-108.

潘善琳，崔丽丽. SPS案例研究方法：流程、建模与范例[M]. 北京大学出版社，2016.